미디어 브랜드의 진화

미디어 브랜드의 진화

초판 1쇄 펴낸날 | 2019년 8월 5일

지은이 | 윤홍근
펴낸이 | 류수노
펴낸곳 | (사)한국방송통신대학교출판문화원
　　　　03088 서울시 종로구 이화장길 54
　　　　대표전화 1644-1232
　　　　팩스 02-741-4570
　　　　홈페이지 http://press.knou.ac.kr
　　　　등록 1982년 6월 7일 제1-491호

출판위원장 | 백삼균
편집 | 마윤희 · 김수미
디자인 | 티디디자인

ⓒ 윤홍근, 2019
ISBN 978-89-20-03441-1 04080

값 7,900원

이 도서의 국립중앙도서관 출판예정도서목록(CIP)은 서지정보유통지원시스템
홈페이지(http://seoji.nl.go.kr)와 국가자료종합목록 구축시스템(http://kolis-net.nl.go.kr)에서
이용하실 수 있습니다. (CIP제어번호 : CIP2019029612)

아로리총서 : 문화와 트렌드 - 5

미디어 브랜드의 진화

윤홍근

지식의날개

나는 이 책을

『미디어 브랜드의 진화』는 레거시 미디어인 지상파와 케이블 TV가 모바일과 1인 미디어에 의해 대체되는 미디어 시장의 환경 변화에 주목하고, 미디어 사이의 경쟁관계와 개별 미디어 브랜드에 대한 전략에 대해 다루고 있다. 방송사업자는 오락을 제공하는 복합 쇼핑몰이나 테마파크, 게임기 등과 여가시간을 놓고 경쟁을 벌여야 한다.

이 책은 미디어 기업이 경쟁의 관점에서 브랜드를 어떤 방식으로 관리하고, 뉴미디어의 활성화로 방송권력이 개인 중심, 소비자 중심으로 변화하여 미디어 브랜드가 어떻게 대응하는지에 대해 알아본다.

이 책은 미디어업계 종사자, 신문방송학과 학부생, 대학원생, 온라인이나 모바일 브랜드를 관리하는 테크기업 종사자들에게 유용한 실무 학습서로 사용되길 희망한다. 레거시 미디어의 버티컬 브랜드부터 온라인 동영상 OTT 서비스와 글로벌 플랫폼인 유튜브와 넷플릭스, 1인 미디어 브랜드까지 체계적인 미디어 브랜드 관리 및 혁신 방안을 제시하고 있다.

관심사와 연구계획은

관심 분야는 미디어와 브랜드 이론을 접목한 미디어 브랜드와 대중문화이다. 미디어 상품은 경험재이면서 독특하기 때문에 브랜드 관리의 적용대상이 되기에는 부적합한 측면이 있다. 채널이 늘어나고, 미디어 소비자가 분화되면서 차별화의 필요성이 높아져 미디어 브랜드의 관리가 필요해졌다. 디지털 플랫폼 확산에 따른 온라인 동영상 OTT와 글로벌 플랫폼, 버티컬 브랜드, 1인 미디어 브랜드의 관리 및 분석 또한 필요해졌다. 전공자나 실무자들이 이론과 실무를 응용할 수 있는 미디어 브랜드에 대한 통합적이고 학제적인 관점에서 연구를 통하여 미디어 경영 분야의 학문 발전에 도움이 될 수 있는 글을 쓰고 싶다.

이 책은 최근의 미디어 환경의 변화에 맞춰 레거시 미디어(지상파, 케이블TV)들이 플랫폼 다변화에 따라 버티컬 브랜드를 도입하는 이유를 설명하고, 새롭게 부상한 모바일, OTT(over the top), 1인 미디어의 등장에 따른 미디어 브랜드의 분화에 초점을 맞추고 있다. 즉, 미디어 사이의 경쟁관계와 개별 미디어 브랜드에 대한 전략을 설명하고 있다.

그동안 우리나라의 미디어 환경도 급격히 변화하였다. 종편, 보도채널 사업자가 시장에 진입하여 케이블TV 채널의 경쟁이 가속화되었고, IPTV와 스마트 미디어의 등장으로 유료방송시장에서 제로섬 게임이 치열해지고 있다. 여기에 동영상 플랫폼 시장에서 넷플릭스와 유튜브는 지배적 사업자 중 하나이고, 기존 레거시 미디어와 국내 동영상 서비스업체까지 위협하고 있다.

다음에서는 존 디믹(John W. Dimmick)의 '적소이론'을 바탕으로 국내 미디어 산업의 시장규모와 경쟁자의 수, 시청률, 시청자의 가용시간에 따라 미디어 산업의 경쟁관계가 어떠한 구도를 보여 주는지를 살펴보겠다.

1차 경쟁은 1990년대 이전 지상파방송 3사는 독과점체제에 안주하다 케이블TV 채널과 지역민방이 출범하며 경쟁을 벌이게 되었다. 2차 경쟁은 CJ E&M의 tvN과 종합편성채널의 약진은 시청자를 분산시켰고, 시청률과 광고시장에서 지상파의 강력한 경쟁자로 등장하였다. 3차 경쟁은 2000년대 초 인터넷 기반의 IPTV, OTT 서비스, 포털 등이 지상파 방송사와 경쟁관계를 형성하고 있으며, 여기에 유튜브와 넷플릭스 등 글로벌 공룡사업자까지 경쟁에 가세하고 있다. 4차 경쟁은 MCN에 소속된 1인 크리에이터들이 사람들의 취향과 관심사를 저격하며 특정 틈새시장을 공략하며 개인 중심의 콘텐츠 소비를 촉진시키고 있다.

하버드경영대학 시어도어 레빗(Theodore Levitt)은 '마케팅 근시(marketing myopia)'를 제시하며 1960년대 할리우드의 근시안적 사업영역 설정으로 침체에 빠진 사례를 들었다. 할리우드 사례처럼 방송사업자는 자신의 사업영역을 방송산업으로 보지 말고 오락산업으로 좀 더 넓게 규정해야 한다. 방송사업자가 오락지향적인 고객을 생각하는 마인드가 있었다면 마케팅 근시에 빠지지 않고 고객의 욕구에 대응하여 새로운 사업에 진출하여 성공을 거두었을 것이다.

방송사업자의 경쟁자는 장기적으로 스타필드와 같은 복합 쇼핑몰이 될 수도 있고, 게임기 닌텐도나 테마파크 에버랜드가 될 수도 있다. 왜냐하면 방송사업자들은 복합 쇼핑몰, 테마파크, 게임기 등과 여가시간을 놓고 경쟁을 벌이며 즐거움과 재미를 느낄 수 있는 동일한 효용제공 차원에서 경쟁자가 되고 있기 때문이다. 결국 방송산업의 경쟁자는 대체재라고 할 수 있는 오락산업에 속해 있는 모든 산업이라고 할 수 있다.

이 책은 미디어 기업이 보다 폭넓게 동일한 서비스를 제공하는 모든 기업을 경쟁자로 규정하고, 경쟁의 관점에서 미디어 브랜드를 어떻게 관리할지를 살펴보는 것에 중점을 두었다. 특히, 인터넷과 모바일 등 뉴미디어의 활성화는 가족 중심의 TV 서비스가 개인 중심의 서비스로 변화하면서 1인 미디어를 발전시키는 데 큰 역할을 하고 있다.

따라서 이 책에서 중점적으로 강조한 내용을 각 장별로 서술하면 다음과 같다.

1장에서는 미디어 브랜드가 진화하는 이유가 무엇이고, 디지털 플랫폼 확산에 따른 타깃팅 변화, 시청자들의 관심 변화, 사업범위 확장을 위한 개별 브랜드의 전략 등을 살펴보고, 적소이론을 바탕으로 한 미디어 브랜드의 경쟁관계와 경쟁에 따른 미디어의 포지셔닝을 분석해 보고, 한국 언론사의 성향과 브랜드 이미지의 차이, 1인 미디어의 등장에 따른 자체 브랜드(Private Brand) 미디어가 활성화되는 이유에 대해 살펴보기로 한다.

2장에서는 지상파방송 3사(KBS, MBC, SBS)와 대표적인 케이블채널인 YTN(뉴스채널), tvN(오락채널), JTBC(종편채널)의 버티컬 브랜드의 관리와 전략에 대해 살펴보고, 레거시 미디어들이 버티컬 브랜드 구축에 신경을 쓰며 콘텐츠 유통의 연결고리로 만드는 이유에 대해 알아보기로 한다.

3장에서는 인터넷망을 연결한 온라인 동영상 OTT 서비스와 글로벌 플랫폼으로 자리 잡은 유튜브와 넷플릭스 등 유료방송시장에서의 온라인과 글로벌 플랫폼 브랜드의 특성과 콘텐츠 유통구조를 분석하였다.

4장에서는 스마트폰의 등장으로 성장한 1인 미디어 브랜드의 관리를 중점적으로 설명하고, 크리에이터들의 기획사 역할을 하는 MCN(Multi Channel Network)과 1인 미디어로 성공한 사례를 제시하였다. 즉, 1인 미디어를 대표하는 〈대도서관TV〉(게임), 〈캐리와 장난감친구들〉(키즈), 〈밴쯔〉(먹방), 〈씬님〉과 〈이사배〉(뷰티), 〈단희TV〉(시니어), K-크리에이터(K-Creators) 등 장르별로 대표적인 크리에이터들을 소개하였다.

마지막 5장에서는 스마트 미디어 시대에 걸맞는 '버티컬 브랜드'로의 확장 필요성과 디지털 플랫폼 확장에 따른 미디어 브랜드의 분화, 넷플릭스에 대항하고자 OTT 연합 브랜드를 구축하는 방안 등 몇 가지 미디어 브랜드 관리의 시사점을 정리하였다.

넷플릭스 최고경영자(CEO) 리드 헤이스팅스는 "우리는 앞으로 20년 동안 매년 선형적인 TV(linear TV)가 쇠퇴하고 인터넷TV가 성장하는 모습을 보게 될 것"이라고 주장했다. 그의 말처럼 기존 레거시 미디어는 온라인 동영상 플랫폼에 점차 그 자리를 내주면서 코드 커팅(cord-cutting) 시대를 앞당길 수도 있다.

그렇다고 미디어 브랜드가 사라질 것인가? 물론 레거시 미디어인 지상파와 케이블TV는 하루아침에 사라지지 않는다. 단지 레거시 미디어는 급격하지는 않지만 서서히 쇠퇴할 것이다. 미디어 환경의 개인화, 디지털화로 시청자들의 욕구가 세분화되고, 매체분화가 가속화되는 상황에서 미디어 브랜드는 점차 분화되고 혁신할 것이다. 이제 소비자들의 미디어 이용형태가 달라지고 그들의 관심이나 취향이 변화하는 만큼 시대적 변화의 흐름을 따라가는 미디어 브랜드만 생존할 수 있을 것이다.

누가 변화의 속도에 발맞춰 미디어 브랜드를 혁신하고 시대의 흐름을 발 빠르게 대처하느냐에 따라 미디어 브랜드의 위상은 달라질 것이다.

기존 레거시 미디어는 브랜드 확장전략을 통하여 시청자를 자신의 브랜드 안에 묶어두는 전략을 펴고, 동영상 서비스인 OTT와 글로벌 동영상 플랫폼은 시청자들의 취향을 분석하며 관심을 유도할 것이다. 그리고 개별 브랜드인 1인 미디어는 레거시 브랜드가 충족시켜 주지 못한 이용자의 욕구를 파고드는 틈새전략을 펼치며 서로 공존하는 방향으로 발전할 것이다.

이 책은 인터넷과 모바일 등 미디어 환경을 반영하여 새롭게 출간하였다. 이 책은 디지털 플랫폼의 등장과 경쟁의 관점에서 브랜드 관리와 미디어 브랜드가 진화하는 원인을 분석했다는 특징이 있다.

『미디어 브랜드의 진화』는 저자가 틈틈이 수집한 자료를 나름대로 정리했으나, 스토리텔링 능력의 부족과 미약한 학문적 내공으로 미디어 브랜드의 관리나 발전방향을 부각시키지 못한 점 독자 여러분께 죄송스럽게 생각한다.

이 책의 출간에 많은 도움을 주신 분들을 일일이 열거할 수 없지만 몇 분에게는 감사의 말씀을 전하고자 한다.

저자의 졸고 집필과정에 도움을 준 KBS, JTBC, YTN, tvN, 미디어오늘 등 언론사 관계자 여러분께 감사의 말씀을 드린다. 그분들의 도움이 없었다면 이 책의 완성도를 높이는 데 어려움을 겪었을 것이다.

마케팅 분야에 입문하게 해 준 고려대 경영전문대학원 채서일 교수님, 박사논문을 꼼꼼히 지도해 준 한국외국어대학교 미디어

커뮤니케이션학과 김유경 교수님께 감사를 드리고, 한국외국어대학교 글로벌 문화콘텐츠학과 박치완 교수님께도 고마움을 전하고 싶다.

끝으로 나이는 숫자에 불과하다고 주장하는 시니어 크리에이터들이 자기만의 브랜드에 도전하길 기대해 본다.

2019년 봄

윤홍근

c h a p t e r 5
미디어 브랜드의 발전 방향

미디어 브랜드의 진화와 경쟁관계

미디어 브랜드의 진화와 경쟁관계

1. 미디어 브랜드가 진화하는 이유는?

1) 디지털 플랫폼 확산에 따른 타깃팅 변화

2000년대 중반 이후 미디어 기업들이 뉴미디어 분야에 진출하면서 특정 시청자에게 소구되는 '타깃팅(targeting)'이 핵심 경쟁력으로 자리매김하고 있다. 즉, 원하는 대상에게, 원하는 시점에 콘텐츠를 전달하는 정교한 타깃팅이 중요해지면서 디지털 미디어 기업의 경쟁력은 극대화되고 있다.

미디어 이용에서는 다양한 서비스, 플랫폼, 기기가 공존하고 있고, 콘텐츠 유통 플랫폼은 스마트폰에서 태블릿 PC, 심지어 시계, 냉장고, 자동차까지 이제 공급자가 따라가기 힘들 정도의 속도로 확장되고 있다. 스마트폰의 대중화는 1인 크리에이터와 인터넷 동영상 시장(OTT 서비스)을 성장시키는 가장 큰 요인이 되었다. 스마트폰은 실시간 방송, VOD, 영화, 음악, 개인방송 등 다양한 콘텐츠를 볼 수 있는 모바일 플랫폼으로 자리잡고 있다. 스마트폰과 태블릿 PC를 이용한 시청이 늘어나면서 가입제 온디맨드 서비스와 유료방송업체, 더 넓은 범주의 미디어 및 테크놀로지 서비스들이 레거시 미디어 기업의 새로운 경쟁자로 떠오르고 있다.

실제로 BBC는 온라인 시청에 적극적인 젊은 시청자를 대상으로 한 수용자 분석을 통하여 16~34세 젊은 층을 타깃으로 온라인 미디어 서비스를 강화하는 등 미디어 환경 변화에 적극 대응하고 있다.

개인 스크린의 확산은 기존 레거시 미디어 브랜드에 충성도가 높았던 시청자들을 분산시켰으며, 방송사들은 디지털에 익숙한 젊은 세대를 중심으로 잠재적 시청자를 발굴하는 데 목표를 두게 되었다. 방송사들은 전통적인 매체인 TV 시청자가 줄고 대신 모바일이나 동영상 서비스 시장이 확대되면서 디지털 콘텐츠 소비자에 대한 욕구를 파악하여 표적시장을 선정(targeting)하여 가장 효과적으로 공략할 수 있는 플랫폼에 진출하게 되었다. 레거시 미디어들은 디지털 콘텐츠 시장에서 자신의 브랜드 인지도를 높이는 데 차별화 전략이 필요하여 젊은 세대의 구미에 맞는 '버티컬 브랜드'로의 확장을 추구하고 있다.

레거시 미디어들은 20~34세를 타깃팅할 수 있는 버티컬 브랜드를 구축하여 소셜미디어를 중심으로 독립적인 채널을 운영하고, 기존 브랜드와는 다른 독자적인 정체성을 갖는 차별화 전략을 구사하고 있다. MBC 〈14F 일사에프〉는 20대를 위한 뉴스를 표방하며 유튜브와 페이스북에 콘텐츠를 제공하고 있으며, SBS 〈스브스뉴스〉도 20대가 좋아하는 말랑말랑한 연성 뉴스를 선보이고 있다.

기존 방송사들은 과거에는 시청자 타깃을 18~49세의 일반인으로 설정하고는 편성전략을 펼쳤는데, 디지털 플랫폼이 확장된 이후부터는 특정된 목표시장인 밀레니얼 세대를 겨냥하여 명확하게 구분된 표적시청자에게 맞추고 있다.

이렇듯 기존 방송사를 비롯해 인터넷 동영상업체, 포털, 소셜미디어 등이 젊은 세대인 이른바 '밀레니얼 세대'를 표적시장으로 선정하고 새로운 브랜드로 이들이 좋아할 만한 콘텐츠를 제공하고 있다.

밀레니얼 세대[1](1980년부터 2000년까지 출생자)와 Z세대(1995년 이후 출생자)는 인터넷 서비스의 확산과 함께 성장해 왔고, 스마트폰 등 디지털 미디어 기기에 익숙하며, 소셜미디어서비스(SNS)를 통한 소통이 자연스러운 세대로 어릴 때부터 디지털 기기에 노출되었다는 의미에서 '디지털 원주민'이라고 불린다.

2018년 한국미디어패널조사에 따르면, 미디어 기기별 이용시간을 비교하면 밀레니얼 세대와 Z세대의 경우 전통적인 매체라 불리는 TV가 차지하는 비율이 절반에도 미치지 못하는 것으로 나타났다. 반면, 미디어 이용시간 중 모바일 기기나 PC를 이용하는 시간의 비율은 밀레니얼 세대가 모바일 23.4%, PC 43.1%로 전 세대를 아울러 가장 높게 나타났다. Z세대 역시 미디어 기기의 이용시간 중 모바일 기기가 차지하는 비중이 17.7%로 X세대나 베이비붐 세대보다 크게 높은 것으로 조사되었다.

[그림 1-1]에서 각 세대별 미디어 기기별 이용시간 비율을 살

---

1 닐 하우와 윌리엄 스트라우스가 1991년 『세대들, 미국 미래의 역사(Generations: The History of America's Future)』에서 처음 사용했고, 2000년에 『밀레니얼 세대의 부상』이 출간되면서 널리 알려졌다.

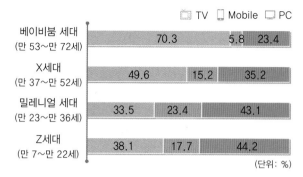

[그림 1-1] 미디어 기기별 이용시간 비율

출처: 『밀레니얼 세대와 Z세대의 미디어 이용』, KISDI STAT Report(2019).

퍼볼 수 있다.

또한 〈표 1-1〉에서 VOD 이용차이를 분석한 결과, 밀레니얼 세대와 Z세대는 VOD 서비스와 같은 비전통적인 미디어 이용자 비율이 10.9%와 13.1%로 높게 나타났으며, 동영상 시청시간 중 VOD 이용시간이 차지하는 비율도 높은 것으로 나타났다.

이 세대들이 자주 이용하는 스마트 기기 애플리케이션은 SNS 관련 애플리케이션(페이스북, 트위터)이고 다음으로 책/만화, 음

〈표 1-1〉 세대별 VOD 서비스 이용자 및 VOD 이용시간 비율

	베이비붐 세대 (만 53~만 72세)	X세대 (만 37~만 52세)	밀레니얼 세대 (만 23~만 36세)	Z세대 (만 7~만 22세)
VOD 서비스 이용자 비율	5.4	9.2	10.9	13.1
동영상 시청시간 중 VOD 이용시간이 차지하는 비율	1.4	3.5	6.4	7.4

출처: 『밀레니얼 세대와 Z세대의 미디어 이용』, KISDI STAT Report(2019).

악, 방송/동영상, 스포츠와 같은 엔터테인먼트 위주의 애플리케이션을 이용하는 것으로 나타났다.

밀레니얼 세대와 Z세대의 모바일 기기와 VOD 서비스의 이용 비율이 높아지면서 인터넷 동영상 서비스인 OTT와 1인 미디어 시장도 확장되고 있다.

인터넷 동영상 서비스인 OTT는 실시간 스트리밍, VOD 방식 등 다양한 서비스와 함께 PC, 스마트 TV, 게임 콘솔 등을 기반으로 다양한 플랫폼을 사용하여 확장성이 크고 개인방송 서비스를 확대하는 데 큰 역할을 하고 있다. 이러한 OTT 동영상 서비스가 인터넷 텔레비전으로, 글로벌 동영상 플랫폼 모델로 진화하면서 '안방극장'이라는 상징매개로서의 텔레비전의 개념을 바꿔 놓고 있기 때문이다.

OTT 동영상 서비스나 유튜브와 같은 글로벌 플랫폼은 인터넷 매체에 익숙한 20~30대 젊은 층을 타깃으로 보고 싶은 동영상을 제공하고 있다. 뉴미디어 기업들은 이른바 '코드 커터' 족이 스마트폰, 태블릿 PC 등 인터넷이 가능한 단말기를 통해 방송을 자유롭게 시청할 수 있는 환경을 구축하고, 이들을 타깃으로 차별적 마케팅 전략을 펼치고 있다. 코드 커터 족은 보고 싶은 동영상을 직접 찾아보는 것에 익숙하며, 특정 콘텐츠에 대해 '몰아보기' 습관이 붙은 시청이 늘면서 미디어 콘텐츠 소비환경이 크게 바뀌고 있다. 몰아보기의 확산은 방송사에서 정해 주는 시간에 콘텐츠를 이용하는 것이 아니라 내가 정하는 시간에 이용한다는 측면에서 시청자에게 휴식과 새로운 경험을 제공한다. 결국 기존 방송사가 편성하는 프로그램을 특정 시간대에 맞춰 보는 것이 아니라 자기가 원하는 시간대에 언제 어디서든 편하게 보는 것을 선호하기 시작하였다. 모바일 미디어와 OTT 서비스로의 콘텐츠 이용형태가 변화하면서 전통적인 미디어 브랜드에 대한 충성도가 점차 약해지고 있다.

모바일과 OTT 서비스 등 비전통적 미디어 서비스가 20~30대 젊은 세대의 필요와 요구를 맞춰야 하고, 수많은 경쟁매체가 등장하는 상황에서 미디어 브랜드는 점차 확장되고 분화될 수밖에 없다.

2) 시청자들의 관심 변화

미디어 기업은 다른 사람의 관심을 끌어오느냐에 따라 성과를 달리하기 때문에 관심 산업에 해당된다. '관심(attention)'은 어떤 개별 정보에 집중된 정신적 관여로 정의된다. 사람들은 다양한 정보들을 지각하게 되는데, 이 가운데 특정 정보에 대해 유의하게 되고, 그에 따라 행동을 할 것인지 말 것인지를 결정한다(토머스 데이븐포트와 존 벡, 2016, 43쪽).

정보기술이 급속히 확대되면서 오늘날 《뉴욕타임스》 일요판에 실리는 정보는 15세기에 쓰인 모든 문서를 합한 것보다 더 많을 정도로 정보가 넘쳐난다. 정보의 홍수 시대에 정작 정보를 소비하고 향유해야 할 인간의 '관심'이란 자원은 갈수록 희소한 자원이 되고 있다.

『관심의 경제학』의 저자인 토머스 데이븐포트 교수는 '관심'에 대해 "희소가치가 폭등하면서 돈만큼이나 때로는 돈 주고도 못 살 만큼 귀중해진 자원이"라고 평가하며, 음식, 섹스, 어린이, 건강, 재해 등은 관심을 끈다고 주장하였다. 그는 TV와 같은 수동적인 미디어는 최소한의 표면적인 관심은 쉽게 사로잡을 수 있지만, 웹이나 온라인 매체와 같은 적극적인 미디어는 보다 높은 수준의 관심을 사로잡을 수 있다고 언급하였다. 원래 지상파나 케이블 방송은 '관심 산업'이다. 시청자들로부터 관심을 받아야 동 시간대 경쟁에서 승리할 수 있는데, 본 방송인 1차 시장에서의 성공이 VOD와 같은 2차 시장에서의 관심으로 이어져야만 방송 콘텐츠로서의 실질적인 경쟁력을 확보하게 된다. VOD를 기본으로 하는 MCN 시장에서 성공의 전제조건 중 하나는 시청자들의 적극적인 상호작용과 댓글 유도이다. TV를 시청하면서 SNS로 소통하는 시청자에게 댓글소비와 행동소비를 통해 관심을 유도해야만 콘텐츠의 생산과 소비로 이어지는 선순환 구조를 구축할 수 있다.

그럼, 미디어 기업들이 다른 사람의 관심을 잡아오려면 어떻게 해야 하는가?

시청자들은 스마트폰과 동영상 사이트가 보급되면서 연예인과 직접 연결할 수도 있고, 일반인들도 유튜브나 SNS를 통해 연예인이 된 것처럼 영상을 올리고 유명세도 얻을 수 있다. 시청자들의 취향이 변했고, 온라인 영상 플랫폼이 텔레비전을 대체하는 시대가 된 것이다. 이에 대응하여 미디어 기업들은 젊은 세대의 취향이나 관심에 맞는 다양한 유형의 동영상 콘텐츠를 제공하기 시작하였다.

우리나라 인구의 29%를 차지하는 밀레니얼 세대가 고정형 TV를 외면하고 코드리스형 모바일이나 OTT 서비스를 선호한다. 이들은 텍스트보다 영상이 더 익숙한 세대이기 때문에 유튜브 사용시간이 다른 세대에 비해 월등히 높다. 이들은 자신에게 필요한 콘텐츠(뷰티, 키즈, 게임, 먹방 등)를 찾아 적극 소비하고 활용한다. 또한 콘텐츠의 장르, 유형, 길이를 구분하지 않고 자신의 개성을 충족시켜 주는 콘텐츠 이용에 적극 나서고 있다.

예를 들어 왜 사람들은 '먹방'을 계속 보거나 남이 밥 먹는 '먹방'을 보고 돈을 지불하는 걸까? 밀레니얼 세대는 먹방이 다이어트에 도움이 되고 먹는 모습 자체가 즐거움을 주며 대리 만족을 느끼게 한다며 선호하는 콘텐츠라고 생각한다. 반면, 50대 이상의 시니어 세대는 남들이 먹는 모습이 뭐 그리 대수롭냐면서 엄청난 양의 음식을 순식간에 해치우는 모습이 건강에도 좋지 않을 것 같다고 냉담한 반응을 보였다. 이렇듯 먹방에 대한 콘텐츠 관심도가 세대에 따라 차이가 있을 수 있다.

유튜브는 시청자의 관심사를 반영하는 최적의 플랫폼이다. 유튜브는 사고방식이 비슷하고 같은 것을 좋아하는 타인을 만날 수 있는 창구가 되었다. 유튜브는 내 관심사와 내가 소중히 여기는 것들을 함께 나눌 수 있는 사람들과 우정을 쌓아가는 하나의 방법임을 깨닫게 해 주는 플랫폼이다.

유튜브가 '유튜브의 경쟁상대는 TV'라고 호기롭게 말할 수 있는 것도 바로 이렇게 특정 연령, 성별, 취미 등 세분화된 소비층을 겨냥한 수천, 수만 명의 유튜버가 있고, TV에 비해 다양한 계층의 이용자들의 취향을 맞추기 쉽기 때문이다.

유튜브 시청자들은 엄청난 기획을 바라는 게 아니다. 가볍고 친근한 기획으로도 충분히 성공할 수 있다. 크리에이터가 유튜브 방송을 한다는 건 식당을 만드는 것과도 같다. 많은 식당 주인들이 아무 생각 없이 여러 가지 메뉴를 내놓으며 가게를 개업한다. 하지만 유튜브는 레거시 미디어들이 내놓는 종합선물 세트를 선호하지 않는다. 유튜브가 선호하는 콘텐츠는 게임, 뷰티, 먹방, 재테크, 건강 등 세분화된 장르이다. 그만큼 사람들은 레거시 미디어의 일방적인 방송보다는 자신이 보고 싶고 궁금한 점을 찾아볼 수 있는 콘텐츠를 원한다는 것이다.

기존 레거시 미디어는 시청자들의 욕구가 너무 다양하기 때문에 세분화된 시장에서 시청자들의 관심사를 반영하는 콘텐츠를 만들어 내기가 어렵다. 왜냐하면 TV를 시청하는 잠재 수용자의 규모는 매우 크고, 이들을 모두 만족시키는 최소의 공통분모를 찾아내야 하지만, 다양한 계층의 소비자들의 취향을 맞추기는 어렵기 때문이다.

결국 이용자들은 전통적인 레거시 미디어에서 이탈하여 온라인, 모바일, 소셜미디어로 전환하게 되었다. 콘텐츠 유통의 주도권을 개인들이 쥐게 되었고, 미디어의 브랜드 영향력은 점점 약해지고 있다.

미디어의 시청형태는 사람들의 관심을 사로잡을 '개인화'에 초점이 맞춰져 있다. 미디어가 발전하는 방향이 '개인화'이므로 스마트 미디어 확산은 필연적이며, 이들의 취향을 반영하는 콘텐츠 이용이 늘어나는 것은 거스를 수 없는 시대적인 흐름이다.

개인 중심의 제작이 활성화되면서 웹툰, 웹드라마, 카툰 등 '스낵 컬처(snack culture)'[2]가 인기를 끌고 있다. 모바일에 적합한 짧은 콘텐츠 아이디어로 승부를 거는 제작방식이 도입되고 있다.

72초 TV는 2005년 2분이 안 되는 웹드라마 형식으로 일상의 이야기를 비틀거나 재미를 부여하는 방식으로 젊은 층에게 관심을 끌었다. 네이버캐스트를 통해 방송된 '72초 드라마'는 30대 흔한 남자의 평범한 스토리로 유명배우도 없고 자극적인 대사나 장면도 없다. 이런 일상적인 소재를 빠른 호흡으로 위트 있게 풀어가면서 102초에서 164초로 제작한 드라마 16편을 내보내면서 한 회당 평균 조회수를 무려 10만에서 30만 회까지 올렸다.

또한 고객 데이터를 바탕으로 개인 취향에 맞는 콘텐츠를 추천해 주는 시스템이 도입되었다. 대표적으로 넷플릭스는 빅데이터를 기반으로 소비자 유형을 7만 8,000가지로 구분하여 영화시청의 75%를 추천하여 이용자의 취향을 반영한 맞춤형 콘텐츠를 제공하고 있다.

넷플릭스는 이용자의 빅데이터를 활용하여 제작과 기획 단계에서부터 이용자들의 취향에 따른 시리즈 기획과 연출, 연기자 캐스팅, 유통방식(한 번에 전편 공개)을 결정한 오리지널 드라마 〈하우스 오브 카드〉를 제작하였다. 이 드라마는 미국 내에서만 2700만 명이 시청하며 VOD 서비스 가격인상으로 실적 급락을 겪어온 넷플릭스를 반등시킨 구원투수가 되었으며, 빅데이터의 고객 니즈 예측 위력을 콘텐츠 업계에 입증하였다.

콘텐츠 제작방식이 기존 지상파 중심에서 벗어나 PP(방송채널 사용 사업자)와 개인방송 등 다양한 주체로 분산되었고, 스낵 컬

---

2 스낵 컬처란 시간과 장소에 구애받지 않고 즐길 수 있는 스낵처럼, 출퇴근 시간이나 점심시간 등에 10~15분 내외로 문화생활을 간편하게 즐기는 문화 트렌드를 의미한다.

처와 같은 짧은 콘텐츠가 젊은 층에게 인기를 끌면서 모바일에 적합한 콘텐츠 유통이 활성화되고 있다. 빅데이터를 활용한 큐레이션 서비스가 활성화되어 소비자들에게 맞춤형 콘텐츠가 제공되고 있다. 이러한 콘텐츠 제작과 유통방식의 변화는 기존 레거시 미디어 브랜드를 점차 약화시키고, 전통 미디어가 서서히 쇠퇴하는 구조적인 변화를 가져오는 요인이 되고 있다.

이처럼 미디어 기업들은 시청자들의 관심사에 맞춰 새로운 채널을 구축하고, 시청자의 마음 속에 채널의 정체성을 구축하기 위해 새로운 브랜드(버티컬 브랜드)를 각인시키며, 디지털 플랫폼을 활용하여 목표고객들에게 콘텐츠를 효과적으로 전달해야 한다.

3) 사업범위 확장을 위한 개별 브랜드 전략

방송이 인터넷으로 확장되고 모바일에서 스트리밍 시청형태가 보편화되면서 방송은 다양한 형태로 다변화되었다. 방송사는 트래픽이 높은 다양한 포털 사이트 등을 통해서 자사의 콘텐츠를 보다 많은 유저에게 노출하고 그들을 자신들의 방송채널로 유인하려고 한다. 그러나 온라인 시장에서는 이런 안일한 방식에서 벗어나 OTT 서비스 플랫폼으로 확장하거나 유튜브와 같은 글로벌 동영상 플랫폼을 이용하고, 모바일 앱을 만들어 자사 콘텐츠를 유통하는 창구를 확장하고 있다.

이렇듯 인터넷과 모바일 매체에 대한 요구가 증대됨에 따라 미디어 회사들은 이용자 확보를 위해 웹사이트, 모바일, 인터넷 동영상 플랫폼 사업 등 자신의 사업범위를 확장하고 있고, 모 브랜드와 차별화된 개별 브랜드로 새로운 사업에 진출하고 있다.

미디어 기업이 개별 브랜드를 만들어 사업범위를 확장하는 것은 콘텐츠 자체가 차별성이 있을 때 바람직하다. 콘텐츠 자체가 독특하고 혁신적이라면 그 성격을 충분히 반영해 줄 수 있는 창의적인 개별 브랜드를 사용하는 것이 특정 장르 콘텐츠의 이미지를 부각시키는 데에 유리하다.

왜냐하면 시청자층이 세분화되고 분절화되면서 거기에 맞는 새로운 멀티미디어 브랜드 전략이나 멀티플랫폼 유통전략이 필요해졌기 때문이다.

콘텐츠 소비행태가 TV에서 모바일로 급격하게 이동하면서 전통적인 방송형태를 고집하기보다는 뉴미디어 분야에서 새로운 플랫폼을 개척해 더 많은 이용자를 확보하기 위해서이다. 변화하는 미디어 시장에 대응하기 위해 레거시 미디어 기업은 새로운 환경에 맞는 콘텐츠, 젊은 층에게 호소력 있는 콘텐츠를 제공해야 한다는 전략 아래 디지털미디어 분야로 사업범위를 확장하기 시작하였다. 미디어 기업은 최근에 온라인 플랫폼 소비에 최적화된 콘텐츠 포맷이 중요 경쟁력이라 판단하고, 텔레비전의 전통적 주요 타깃과 다른 보다 젊고 세분화된 시장을 겨냥하고 있다.

지상파나 케이블 방송 사업자들은 뉴미디어 환경에서 젊은 인터넷 이용자층에 최적화된 콘텐츠를 제공하기 위해 다양한 시도를 하고 있다. 레거시 미디어 기업은 그동안 제공해 오던 텍스트 중심의 뉴스 콘텐츠에서 보다 전문적인 비디오 기반 뉴스 콘텐츠를 제공하며 개별 브랜드 전략을 추구하고 있다. 그동안 지상파가 해오던 권위적이고 진지한 성격의 정보 외에 구독자, 시청자에게 솔직하게 다가가고 그들이 흥미를 느낄 수 있는 콘텐츠를 제공하려고 시도하고 있다. 요즘 사람들은 권위자의 전문적 식견보다 '내가 원하는 콘텐츠'에 초점을 맞춘다.

국내 방송사들은 최근 몇 년 사이에 개별 브랜드를 선보였는데, 기존 미디어 브랜드보다 인지도와 주목도를 높였다는 평가를 받고 있다. 젊은 세대의 관점을 앞세운 CBS 〈씨리얼(C-Real)〉, 카드뉴스와 큐레이션 영상이 돋보이는 SBS 〈스브스뉴스〉, 〈비디오머그〉, 〈모비딕〉, 그리고 보도국 기자가 직접 출연하여 취재 뒷이야기를 전하는 JTBC 〈소셜스토리〉 등이 꾸준한 인기를 모으고 있다. 이처럼 개개의 서비스를 개별 브랜드로 전개하는 전략은 카테고리에 특화함으로써 카테고리를 대표하는 브랜드 개발이 가능하고, 개별 브랜드의 실패가 모 브랜드에 영향을 주지 않는다는 이점이 있다. 뉴스, 영화, 스포츠, 게임 등 특정 카테고리가 전문화되어 시장세분화에 따라 타깃팅 그룹에 제공된다. 이런 이유 때문에 방송사들은 모기업의 미디어 브랜드가 가졌던 소재나 형식에서 벗어나 여러 가지 새로운 실험을 해볼 수 있다는 측면에서 매력적인 전략으로 다가오고 있다.

또한 유튜브를 기반으로 한 1인 방송 채널은 보다 전문화된 장르에서 특정 이용자들을 위한 틈새시장을 공략하며 자신만의 개인 브랜드로 분화를 계속함으로써 시청자들의 관심을 모았다. 이와 같이 독립한 단독 브랜드가 미디어 시장에서 각각 영향력을 최대화하도록 미디어 기업들은 독립적인 브랜드를 각 시장에 투입하고, 단독 브랜드가 명확하고 차별적인 포지셔닝을 할 수 있도록 브랜드 관리에 나섰다.

결국 미디어 기업이 자체 브랜드를 개발하는 이유는 차별화된 콘텐츠로 시청자들을 끌어들이는 유인상품의 역할을 할 수 있고, 오리지널 콘텐츠 경쟁력을 바탕으로 플랫폼에 머물게 하여 막대한 광고수익과 구독료수익을 얻을 수 있기 때문이다.

2. 미디어 브랜드의 경쟁관계 분석

미디어 산업에서 TV, 신문, 인터넷, 모바일 등의 개체는 광고수입이나 사용자의 시간과 돈이라는 동일한 자원을 둘러싸고 경쟁하는 개체들이다. 존 디믹(John W. Dimmick, 2003)은 '적소이론'에서 공통의 자원을 사용하는 개체군을 조합(guild)이라고 지칭했는데, 이는 미디어 경제학의 전통적인 시장(market) 개념과 유사하지만, 대표하는 개체군의 수나 자원사용의 관계 측면에서 얼마나 차이가 있는지를 나타낸다는 점에서 더 구조적인 개념이라고 할 수 있다(노기영, 2009).

이런 적소이론은 미디어 연구에 적용되어 미디어 간 경쟁, 대체·보완 관계를 설명하는 유용한 분석틀로 자리매김해 왔다. 여기서 적소(適所)는 특정 종류의 생물이 살기에 적합한 환경을 의미하는데, 이는 미디어 조직이 생물 생태계처럼 유지되고 활동하고 상호작용하는 공간을 의미하기도 한다(Dimmick, Feaster, & Hoplamazian, 2010).

적소이론은 적소폭(niche breadth), 적소중복(niche overlap), 경

쟁우위(competitive superiority) 등을 통해 미디어 간의 경쟁관계를 설명하고 있다. 새로운 미디어가 등장할 때마다 적소분석은 기존 미디어와의 경쟁관계를 다차원적으로 분석하는 데 자주 활용된다.

기존 미디어와 새로운 미디어가 동일한 자원을 두고 경쟁을 할 때, 새로운 미디어가 경쟁우위를 점하는 경우 기존 미디어는 퇴출(exclusion)될 것이며, 경쟁이 부분적으로 일어나는 경우 두 미디어 간 경쟁적 대체(competitive displacement)가 일어난다고 보았다. 하지만 실제 연구에서는 두 미디어 간 완전 대체 현상으로 인한 퇴출을 나타내는 결과는 찾기 어려웠고, 대부분 미디어들이 경쟁적 대체관계를 보이며 보완관계에 가까운 모습을 보였다.

미디어 생태계의 각 매체도 유기체처럼 유한자원(시간, 비용, 콘텐츠, 광고비)에 의존하는데, 한정된 가용자원에 여러 매체가 의존할 경우 매체 간의 생존경쟁이 불가피하다. 경쟁을 통한 자원획득에 우월한 매체는 우위에 위치해 열등한 매체를 대체하게 되는데, 열위에 있는 매체가 전략적으로 기능분화를 할 경우, 이 매체들 간에는 보완적 관계가 형성될 수 있다. 경쟁의 결과로 자리매김한 매체의 특정 위치(적소)는 자원공간 내 매체가 자원을 활용하는 방법으로 해석할 수 있다. 그러므로 생태학에 기초한 적소이론은 유사한 기능을 제공하는 매체들이 동일한 시장 내에서 형성하는 경쟁관계를 분석하는 데 적합한 이론이다(Dimmick & Rothenbuhler, 1984).

여기에서는 '적소이론'을 바탕으로 국내 미디어 산업의 경쟁관

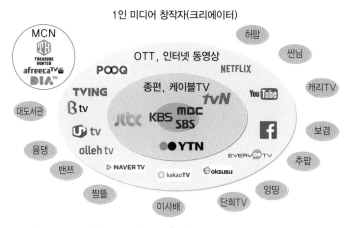

[그림 1-2] 미디어 브랜드의 경쟁관계

계를 시장규모와 경쟁자의 수, 시청자의 가용시간에 따라 어떠한 경쟁구도를 보여 주는지를 살펴볼 것이다. 특히 '시청자의 시간'이 경쟁의 대상이다. 광고주, 방송사, 신문사, 웹사이트, 콘텐츠 창작자 등이 모두 시청자의 관심을 갈구하고 있고 시청자의 여가시간을 빼앗기 위한 쟁탈을 벌이고 있다.

1) 미디어 브랜드의 경쟁관계

미디어 산업은 시장규모와 경쟁자의 수에 따라 경쟁관계에 결정적인 영향을 받게 된다. 현재 미디어 산업은 지상파방송 3사, 종편채널 4사, CJ E&M계열 유료채널, 인터넷 동영상 서비스(OTT) 업체, 다수의 1인 미디어(크리에이터)들이 시청률과 광고 획득 경쟁을 벌이고 있다.

1995년 케이블TV의 출현, 2006년 tvN의 탄생은 지상파 방송사와 경쟁을 할 수 있는 새로운 시장구조가 형성되었다는 점에서 주목된다. 2011년 12월 종편4사의 출범은 지상파 방송사와는 다른 생태계를 구축하고 있지만 동일한 서식지에서 경쟁을 통해 생존해야 하는 경쟁자 수가 늘어 과잉경쟁으로 접어들었다. 이 제작주체 간 경쟁은 상생을 실현하기 어려운 구조로 시장상황을 제로섬(zero-sum)게임 시장으로 변화시키고 있다.

지상파방송과 케이블TV와 같은 레거시 미디어는 전달자와 수용자 사이에 상호작용이 일어나지 않는다는 점에서 과거의 권위나 효과가 그만큼 떨어지고 있다. 사람들이 TV를 보지 않는 것이 아니라 방송 콘텐츠 시청형태가 다양한 채널로 옮겨가고 있는 것이다. 즉, TV 수신기를 통해 실시간으로 시청하는 사람들이 줄고 있는 'TV 이탈현상' 때문이다. 시청자는 다수가 TV 수신기 대신에 인터넷이나 모바일로 TV 콘텐츠를 시청하고 있다. 인터넷을 통해 방송 콘텐츠를 보는 것이 젊은 세대에서 일상화되었고, 중년과 노년 세대로 확산되고 있다. 이제 방송 콘텐츠를 TV를 통해 본다는 개념이 더 이상 통하지 않게 된 것이다.

레거시 미디어를 대신할 플랫폼이 일반화되면서 이야기를 듣고자하는 사람들이 모여서 스토리텔링이 활성화되고 브랜드 저널리즘을 구현할 수 있는 기반을 만들고 있다. 콘텐츠 생산자와 소비자 사이 놀이터 공간인 플랫폼에서 사람들은 이야기를 만들어 가고 전달하며 상호작용을 하게 된다. 사람들의 욕구를 반영한 플랫폼이 IPTV, OTT 서비스, 모바일과 같은 매체들이다. 이 매체들은 레거시 미디어가 충족시켜 주지 못하는 영역을 채워 주는 역할을 하고 있다. 특히, 1인 미디어 시대의 크리에이터는 다양성과 개성을 요구하는 세분화된 시장에서 수용자들의 욕구를 충족시켜 주고 있다.

이 책에서는 지상파TV를 중심으로 대체 및 보완 관계에 있는 케이블TV, IPTV, OTT 서비스, 모바일을 분석하여, 인터넷 서비스를 기반으로 한 유료매체의 경쟁력을 파악하고 정책적 시사점을 도출하고자 한다.

OTT는 사용용이성 차원에서, MCN은 상호작용성과 유저의 혁신참여 차원에서 상대적인 우위를 보였으며, 미디어 결합효과 차원과 같은 플랫폼 측면에서는 대체적 관계를, 상호작용성, 유저의 혁신참여 차원과 같은 콘텐츠 측면에서는 서로 상이한 보완적 관계를 형성하고 있다.

(1) 1차 경쟁

지상파방송은 우리나라의 방송시장에서 제작부터 유통까지 전체를 수직적으로 통합하는 우월적 지위를 가지고 있다. KBS, MBC, SBS, EBS와 같은 방송사들은 지상 무선국을 통해 대기중의 전파를 이용하는 방송을 실시하여 '지상파방송'이라고 부른다. 지상파방송은 대부분의 나라에서 방송정책의 근간을 형성하고 있으므로 매우 중요하며 영향력, 자원의 희소성, 공공성 등이 다양한 규제의 근거로 작용하고 있다.

우리나라에서는 공영방송 KBS TV가 1961년, MBC TV가 1969년에 개국한 이후 상업방송인 SBS TV가 1991년에 개국하여 3개 방송사가 과점적 경쟁형태를 보였다. 1991년 12월에 개국한 SBS는 기존 KBS와 MBC가 갖고 있던 무사안일주의에 자극을 준 긍정적 측면이 있는 반면, 치열한 시청률 경쟁을 촉발시켜 한국 방송의 오락편향성을 강화하는 결과를 초래하였다.

1990년대 이전, 케이블TV가 보급되기 전에는 우리나라 사람들은 지상파 4개 채널(KBS1, KBS2 포함)만 시청했고, 오락거리가 많지 않았던 그 시절에는 재미없는 프로그램도 봐야 했다. 집 근처 슈퍼마켓이 들여놓은 상품만 구매하듯, 시청자가 선택권을 가지지 못하고 TV에 나오는 프로그램을 그저 볼 수밖에 없었다는 뜻이다. 독과점시대에 지상파방송은 경쟁자 없이 시청자들에게 일방적으로 프로그램을 제공하였다.

지상파방송 사업자는 「전파법」이 정하는 바에 따라 방송통신위원회의 방송국 허가를 받도록 되어 있다. 이에 따라 지상파방송은 규제적 진입장벽이 높기 때문에 비교적 경쟁이 낮은 상황에서 지상파방송 3사가 혜택을 누릴 수 있었다. 이 3개 방송사들은 시청률과 광고시장을 나눠 가지며 구조적 관성에 빠져 변화하는 환경에 대응하지 못하였다. 방송사의 조직문화가 외부환경이 변화하는 속도에 비해 늦게 변화하고 자발적으로 변화하지 않는 타성에 빠져 있었다. 지상파 방송사의 경쟁력 약화는 조직 내부에 자리 잡은 엘리트 의식과 외부경쟁에서 생존하기 위한 내부경쟁이 취약한 점이 작용하였다.

그러나 1995년 개국한 케이블TV와 지역민방의 출범으로 경쟁자의 수가 급격히 늘어나면서 지상파방송 3사는 케이블TV 채널과 지역민방과 경쟁을 벌이게 되었다. 한정된 광고시장에서 경쟁자가 늘어나면서 방송광고 매출액이 줄었고, 시청률도 지속적으로 감소하기 시작하였다. 『2017년 방송산업실태조사 보고서』에 따르면 지상파방송 광고매출액은 2008년 2조 1998억 원에서

2016년 1조 6228억 원까지 급감하였다. 또한 2016년 지상파방송 3사의 연평균 합계 시청률은 19.8%로 10년 전인 2007년 26.1%보다 무려 6.3%포인트 감소하였다.

결국 지상파방송 3사는 과거의 전통이나 권위에 의존하여 미디어 시장에서 늘어난 경쟁자에 효과적으로 대응하지 못하고 대체재나 유사 서비스를 고려하지 않았던 것이다.

(2) 2차 경쟁

미디어 기업은 동일한 방송 서비스를 제공하는 모든 방송사를 경쟁자로 볼 수 있다. 그런 측면에서 1995년 케이블TV의 출현, 2006년 tvN의 탄생은 지상파 방송사와 경쟁을 할 수 있는 새로운 시장구조가 형성되었다는 점에서 주목된다. tvN의 개국은 향후 지상파 방송사와 경쟁할 수 있는 새로운 시장의 탄생이라는 측면에서 주목받았다. CJ E&M이라는 거대자본을 바탕으로 한 종합오락채널은 예능과 드라마 부문에서 지상파 방송사와의 경쟁이 불가피하였다. 특히, 2011년 12월 종편4사의 출범은 지상파 방송사와는 다른 생태계를 구축하고 있지만, 동일한 서식지에서 경쟁을 통해 생존해야 하는 경쟁자 수가 늘어 과잉경쟁으로 접어들었다. 종편채널은 지상파 방송사와는 광고시장을 공유하면서 전송방식에서는 케이블TV라는 차별화를 지닌 특수성을 가지고 있다. 하지만 종편채널은 종합편성을 한다는 측면에서 지상파 방송사와 프로그램 및 광고수주에 직접적인 경쟁관계를 구축하고 있다. 종편채널들은 브랜드 마케팅 관점에서 지상파 방송사와 경쟁·보완 관계를 유지하고 있다. 또한 시청자 확보와 광고재원 확보 차원에서 경쟁관계를 유지하면서 케이블TV의 종편채널로서 차별화된 방송 콘텐츠 제작이나 수급을 통해 시청자들의 욕구를 만족시키는 보완재 역할을 해야 할 것이다.

종편채널의 시장진입이 본격화됨에 따라 방송채널 사업자 수가 1995년 케이블TV 출범 당시 24개에서 180개로 늘어나는 등 방송사업 간 경쟁이 더 치열해졌다.

다채널 플랫폼의 등장으로 지상파와 케이블TV 간에 분쟁사건이 발생하였다. 2012년 1월 방송3사(KBS·MBC·SBS)와 CJ헬로비전 간의 재송신협상 합의에 따라 전국 84개 케이블TV에서 중단되었던 KBS 2TV 방송이 정상화되었다.

종편채널 중 JTBC의 약진은 지상파방송 3사 광고주와 시청률을 빼앗아갔다. JTBC가 일련의 뉴스를 통해서 선취한 채널 신뢰도에서 지상파 방송사의 공백을 메우며 지상파의 강력한 경쟁자로 등장하였다.[3]

CJ E&M의 tvN과 JTBC는 킬러 콘텐츠를 생산하며 지상파의 충성도를 떨어뜨렸고 시청자들을 분산시켰다. 이에 지상파방송은 파격적인 종편과 케이블TV의 위협, 광고시장의 저조 등에 따라 위기의 길을 걷고 있다.

---

3 닐슨코리아가 조사한 수도권 시청률 분석에 따르면, JTBC는 출범 당시 0.74%로 출발하여 2013년 1.28%→1.48%→1.65%→2.20%(2016)로 매년 완만한 상승세를 보이다가 2017년 최순실 국정농단 사태로 3.62%로 크게 상승한 뒤 2018년 상반기 3.92%까지 상승하였다.

(3) 3차 경쟁

2000년대 초 인터넷의 발달과 함께 형성된 온라인 플랫폼이 수용자의 콘텐츠 선택권을 보장하면서 인터넷 기반의 IPTV, OTT 서비스, 포털 등이 지상파 방송사와 경쟁관계를 형성하고 있다. 전 세계적으로는 유튜브, 넷플릭스, 페이스북 등, 국내에서는 네이버와 카카오 등이 거대 플랫폼을 등에 업고 공룡사업자로 성장해 시장을 지배하고 있다.

지상파방송의 3차 경쟁자는 2000년 초 등장한 네이버와 다음의 포털서비스, 2008년 IPTV 상용화, 2013년 국내 OTT(인터넷 기반 동영상 서비스) 실시 등 새로 등장한 미디어는 기존의 미디어가 가진 시장을 일정 부분 잠식해 들어가면서 새로운 시장을 형성하였다. OTT는 지상파방송과 경쟁을 펼치며 일부는 지상파방송의 배급창구 역할을 하는 보완관계를 설정하기도 했고, 막강한 자본력을 갖춘 글로벌 OTT(넷플릭스, 유튜브)는 지상파방송을 대체하면서 국내 미디어 산업을 잠식해 가고 있다.

2000년대 초반 등장한 네이버와 다음과 같은 포털서비스는 온라인 동영상 브랜드 '네이버TV'와 '카카오TV'를 선보이면서 실시간 방송과 동영상 클립으로 젊은 시청자들을 유인하고 있다. 이런 동영상 플랫폼은 PC와 모바일을 통해 콘텐츠가 전달되면서 지상파방송 시청자와 광고를 빼앗아가는 상황이다.

여기에 통신 3사가 2008년부터 상용화한 IPTV는 케이블TV와 직접적인 경쟁을 벌이고 있다. IPTV는 인터넷망을 통해 실시간 방송과 VOD를 볼 수 있는 서비스를 말한다. 국내에서는 SK의 'BTV', KT의 '올레TV', LG의 'U⁺tv G'의 세 가지 IPTV가 서비스되고 있다. IPTV는 인터넷선을 전용 셋톱박스에 연결하여 사용하며, 쌍방향 서비스가 가능하다. 상품경쟁력 측면에서 이동통신이 없다는 '상품 비대칭'이 가장 큰 약점인 케이블TV가 IPTV를 보유한 통신사의 결합상품을 앞세운 공격적인 마케팅을 당해 낼 수 없었다. 현재 유료방송시장 무게중심이 케이블TV에서 IPTV로 이동하고 있다. IPTV가 매출에 이어 가입자도 케이블TV를 앞질렀다. 2017년 11월 IPTV 가입자 수가 1403만 명으로 사상 처음으로 케이블TV 가입자를 추월하였다. IPTV의 가파른 성장세에 따라 당분간 케이블TV 하락세는 지속될 것으로 전망된다. 장기적으로 케이블TV는 IPTV의 대체재가 될 가능성이 높다. IPTV로 시장지배력이 전이되면서 자금력과 이동통신을 앞세운 통신사가 케이블TV업계를 인수합병하면서 케이블TV 시장이 위축될 수도 있을 것이다.

지상파방송과 케이블TV와 같은 레거시 미디어는 자신들의 콘텐츠를 IPTV, 포털, OTT에 전송함으로써 배급통로를 확보했지만, 유료방송 플랫폼에서 공급의 주도권 확보에는 실패하였다. 특히, 지상파 방송사는 방송산업 내부경쟁을 넘어서 유튜브와 넷플릭스라는 글로벌 미디어 사업자와의 경쟁에 직면해 있다. 지상파 방송사가 글로벌 미디어 사업자와의 경쟁에서 열세에 있는 가장 핵심적인 이유는 제작비 투입과 맞춤형 서비스에 있다. 넷플릭스는 2018년 오리지널 콘텐츠 제작에 무려 80억 달러의 예산을 투입하였다. 이 글로벌 미디어 기업들은 각기 특화된 콘텐츠를 앞세운 플랫폼 전략으로 시장지배적인 위치를 차지하고 있다.

실제로 유튜브는 단순 동영상 플랫폼을 넘어 네이버사업의 근간인 검색영역까지 침투하여 포털과 경쟁을 펼치고 있다. 또한 유튜브는 소셜미디어 플랫폼 기반의 페이스북과도 SNS 차원에서 경쟁을 벌이고 있으며, 스트리밍 음악 사이트인 멜론이나 벅스와도 경쟁을 펼치고 있다. 유튜브는 1인 크리에이터를 많이 보유하여 인터넷 동영상 업체인 아프리카TV나 트위치와도 경쟁관계를 구축하고 있다.

국내 유튜브 이용시간이 크게 증가하면서 카카오톡, 네이버, 페이스북을 압도하였다. 모바일 광고업체 인크로스에 따르면 2018년 10월 기준 주요 모바일앱 평균 체류시간을 조사한 결과, 유튜브가 1,019분으로 가장 높았으며, 그 다음으로는 카카오톡(804분), 네이버(700분), 페이스북(462분) 순이었다. 유튜브 체류시간이 2년 전 504분보다 2배 증가하였다.

지상파방송의 3차 경쟁자는 국내 OTT 서비스업체인 티빙(tving)과 푹(pooq)을 들 수 있다. 티빙은 2010년 6월 CJ 헬로비전이 내놓은 스트리밍 서비스이고, 푹(pooq)은 KBS·EBS·MBC·SBS 등 지상파 방송사가 모여 만든 N스크린 서비스 플랫폼으로 종편채널과 영화까지 포함하여 20만 개의 VOD를 보유하고 있다.

하지만 국내 사업자들은 자체 OTT 사업 부문에 주력하며 각개전투를 벌이고 있다. 티빙(tving)은 케이블TV 콘텐츠를 유통하는 반면, 푹(pooq)은 지상파와 종편채널 콘텐츠를 배급하면서 자사 콘텐츠 중심의 서비스를 진행하고 있다. 방송계에서는 티빙과 푹이 공동 연합체계를 구축하여 서비스 효율성과 안정된 비즈니스를 동시에 구현하여 넷플릭스에 공동 대응하자는 주장이 제기되었다. 이런 요구에 부응하여 2019년 1월 '푹'과 '옥수수'가 합병되어 국내 미디어 생태계를 키우고 해외진출의 교두보를 마련하였다. 두 개의 주축 사업자가 OTT 경쟁우위를 선점하려면 콘텐츠 차별화 전략에 주력해야 한다. 푹-옥수수 통합 브랜드가 레거시 미디어와의 제휴 콘텐츠를 활성화하고, 예능 프로그램이나 K-pop 콘텐츠를 확보하는 등 킬러 콘텐츠 제작에 나설 경우 경쟁력을 확보할 수 있을 것이다.

앞에서 언급한 IPTV, OTT 서비스 등 뉴미디어의 활성화는 방송권력이 생산자 중심에서 소비자 중심으로 이동하는 계기를 마련했고, 가족 중심의 TV 서비스가 개인 중심의 서비스로 변화하고 있음을 의미한다.

지상파 방송사는 동일한 서비스를 보다 폭넓게 제공하는 IT 기업을 경쟁자로 볼 수 있다. 예를 들어, OTT는 스마트폰, 컴퓨터, 태블릿 등 기기를 가리지 않고 언제 어디서나 동영상 콘텐츠를 시청할 수 있어 지상파 콘텐츠의 이용을 줄일 수 있는 강력한 경쟁자라고 할 수 있다.

(4) 4차 경쟁

지상파 방송사는 보다 넓은 의미에서 시청자의 관심사와 시간을 노리는 모든 사업자를 경쟁자로 볼 수 있다. 즉, MCN(Multi Channel Network) 사업자인 다이아TV나 아프리카TV와 그곳에 소속된 수많은 크리에이터들이 바로 그들이다. 크리에이터가 주축이 되는 1인 미디어 방송은 시청자의 욕구에 대응하며 TV를 대체할 차세대 매체로 떠올랐다. MCN 사업자들이 방송 프로덕션이나 매니지먼트사 역할을 하고, 그곳에 소속된 크리에이터들이 1인 미디어 방송을 진행하는 구조이다.

1인 크리에이터의 소속사인 MCN과 동영상 서비스인 OTT는 동일한 네트워크를 이용하여 인터넷 플랫폼 또는 모바일 플랫폼을 통해 콘텐츠를 시청한다는 측면에서 유사한 매체이다. 플랫폼에 접속한 후 원하는 콘텐츠를 검색하여 시청하고, 다른 이용자에게 공유가 가능하다는 특성에서 유사성을 보인다. 인터넷 동영상 서비스 생태계에서 OTT와 MCN은 플랫폼의 유사성으로 같은 시장 내에 위치하고 있으나, 콘텐츠를 제공하는 주체가 전문사업자인지, 1인 창작자인지에 따라 두 서비스가 구분되고 서로 공존하는 형태를 보여 준다. 따라서 MCN과 OTT 서비스는 보완과 경쟁 관계에 놓여 있다고 할 수 있다.

1인 미디어가 스스로를 보완재 역할로 포지셔닝하면서 사람들의 취향이나 관심사를 타깃으로 하는 콘텐츠를 중심으로 특정 틈새시장을 공략하는 전략을 사용하고 있다. 크리에이터가 자신이 만든 아이템에 오타쿠 기질을 발휘하여 진정성과 전문성 있는 콘텐츠를 만들고 있다. 지상파 방송사는 뷰티, 게임, 먹방, 여행, 키즈 등 개인 맞춤형 콘텐츠를 제공하는 1인 미디어와 경쟁을 벌이는 상황이라 더 복잡해진 차원의 경쟁관계에 놓여 있다. 국내 유명 1인 크리에이터 대도서관은 유튜브 채널 구독자 수가 현재 180만 명을 넘어섰고, 〈캐리와 장남감친구들〉을 운영하는 캐리TV는 구독자 수가 300만 명에 육박한다. 우리나라 언론사 중 유튜브 채널 구독자 국내 1위를 확보하고 있는 YTN의 구독자 수가 84만 명인 것에 비하면 1인 크리에이터들의 영향력은 방송사를 압도하고 있다. 물론 1인 미디어가 기존의 레거시 미디어보다 양질의 콘텐츠를 제공하지는 않지만 다수의 이용자들에게 필요한 정보나 취미, 관심사를 편리하고 빠르게 제공한다는 측면에서 경쟁을 펼치고 있다.

1인 미디어는 TV방송보다 상호작용성이나 몰입감에서 상대적으로 우월한 위치를 차지하였다. 박주연(2017)의 「TV방송과 인터넷 개인방송의 보완과 대체에 관한 연구」에서 적소폭을 분석한 결과, TV방송은 정보성, 새로운 즐거움, 시간 보내기에서 인터넷 개인방송보다 수용자들을 잘 충족하고 있는 것으로 나타났으며, 인터넷 개인방송은 상호작용, 솔직함, 몰입에서 TV방송보다 상대적으로 넓은 적소폭을 나타냈다.

또한 TV방송과 인터넷 개인방송의 적소중복값을 분석한 결과, 시간 보내기의 적소중복값이 가장 높게 나타났고, 몰입과 새로운 즐거움의 비교적 높게 나타났다. 기존의 TV방송을 통해 충족되어 왔던 시간 보내기, 몰입, 새로운 즐거움은 인터넷 개인방송을 통해서도 충족되어지고 있는 경쟁요인으로 나타났으며, 솔직함과 상호작용이라는 요인은 TV방송을 대신하여 인터넷 개인방송을 통해 충족하고 있는 보완적 관계라고 할 수 있다(박주연·박수천, 2017).

미디어 시장에는 소비자의 시간과 관심사를 빼앗으려는 경쟁자가 많이 포진해 있다. 제작자들은 대부분 방송사의 독점시대가 이미 끝났으며, 지상파 방송사끼리의 경쟁은 더 이상 의미가 없고, TV를 넘어 대중의 시간을 빼앗는 모든 것이 경쟁관계라는 생각을 가져야 한다. 지상파 방송사의 경쟁자는 종편채널이나 tvN 등 다른 방송사업자가 아니라 네이버, 다음, 유튜브, 넷플릭스 등을 포함하여 포괄적으로 살펴보아야 할 것이다.

하버드경영대학 시어도어 레빗은 '마케팅 근시(marketing myopia)'[4]를 제시하며, 기업들이 사업범위나 경쟁범위를 좁게 규정하여 오류를 범하지 말라고 경고하였다.

방송사업자는 자신의 사업영역을 방송산업으로 보지 말고 좀 더 넓게 오락산업으로 규정해야 한다. 방송사업자가 오락지향적인 고객을 생각하는 마인드가 있었다면 마케팅 근시에 빠지지 않고 고객의 욕구에 대응하여 새로운 사업에 진출, 성공을 거둘 수 있었을 것이다.

방송사업자의 경쟁자는 장기적으로 복합 쇼핑몰(스타필드), 게임기 닌텐도, 테마파크(에버랜드), 가전사, 자동차회사(자율주행차), 온라인 유통사, 테크기업이 될 수도 있다.

예를 들어 스타필드 고양은 쇼핑만 하는 곳이 아니라 게임을 하면서 밥도 먹고 영화를 보면서 각종 놀이기구를 즐기는 어트랙션몰까지 갖춰 쇼핑객의 체류시간을 늘리고 있다. 테마파크 에버랜드도 기본적으로 즐거움을 제공하는 놀이공간으로 소비자들의 여가시간을 빼앗고 있다.

이처럼 방송사업자들은 복합 쇼핑몰이나 테마파크, 게임기 등과 여가시간을 놓고 경쟁을 벌이며 즐거움과 재미를 느낄 수 있

---

4 Theodore Levitt(1961). Marketing Myopia. *Harvard Business Review*, July-August. pp. 26~56.

는 동일한 효용제공 차원에서 경쟁자가 되고 있다. 결국, 방송산업의 경쟁자는 대체재라고 할 수 있는 오락산업에 속해 있는 모든 산업이라고 할 수 있다.

시어도어 레빗은 근시안적이고 생산지향적 산업에 대한 정의는 지양해야 한다면서 내일의 경쟁자가 될지도 모르는 현재 경쟁자의 이면을 살펴보라고 강조하였다. 미디어 산업 종사자들도 자신의 경쟁자를 넓게 보고 시장을 분석할 수 있는 통찰력이 필요하다는 교훈을 주는 것이다.

2) 미디어의 포지셔닝과 사례

(1) 지각된 미디어의 포지셔닝 분석

포지셔닝(positioning)이란 1972년 어드버타이징 에이지(Adverting Age)에서 앨 리스(Al Ries)와 잭 트로우트(Jack Trout)에 의해 처음으로 소개된 용어로 기업이 의도하는 제품 개념과 이미지를 고객의 마음속에 차별적으로 위치시키는 것을 의미한다. 이는 표적으로 선정된 고객의 니즈에 어떤 가치를 제공해야 최대한 만족시킬 수 있는가라는 콘셉트를 확인하는 과정이다. 넘쳐나는 정보홍수 속에서 살아남는 방법은 '오직 특별한 단 하나'라는 인식을 강화하는 포지셔닝을 활용하는 것이다. 미디어 상품에도 그대로 적용할 수 있어서 사용자의 마음속에 경쟁할 수 없는 독자적 지위를 구축하는 것이다. 이것은 포지셔닝 맵에 새로운 축을 추가하는 것과 같다. 포지셔닝 맵(positioning map)은 특정 상품이나 속성에 대한 고객들의 인지 정도 또는 구매의도를 지도상에 시각화하여 나타내는 것을 말한다. 포지셔닝 맵은 여러 가지 제품속성을 2~3개의 차원(dimension)으로 압축하여 차원 사이의 제품지각공간(product perceptual space)을 형성한 다음 제품들의 전반적인 유사성이나 선호도에 대한 소비자 조사를 근거로 각 제품, 상표 등을 기하학적인 거리로 환산하여 공간상에 표시하는 것이다. 기본적으로 포지셔닝 맵은 2개의 축(X-Y)으로 구성하여 2차원으로 표시한다.

미디어 시장이나 사업자의 새로운 축에는 미디어 기술의 유형(기존 방송, 온라인 미디어), 미디어의 다양성(채널 및 콘텐츠 다양성), 서비스 품질(부가 서비스, 난시청해소), 경제적 편익(가격저렴성, 조작편의성) 등을 설정할 수 있다. 이러한 축(차원)은 이용자가 왜 서비스를 이용해야 하는지를 명확하게 하기 위해서 설정하는 것이다.

여기에서는 미디어 시장에서 2개의 축을 설정했는데, 수직축은 사업자 유형(방송, 온라인 미디어)으로, 수평축은 미디어 다양성(채널 및 콘텐츠 다양성)으로 설정하여 미디어에 대한 포지셔닝 분석을 시도하였다.

[그림 1-3]과 같이 크게 4개 영역으로 구분할 수 있다. 1영역에는 기존 방송 서비스 플랫폼이 위치한다. 이들은 레거시 미디어로 온라인 미디어 사업자와 달리 한정된 채널에 전문가 집단이 제작한 기성 콘텐츠를 유통시키는 역할을 한다. 지상파방송을 비롯해 케이블TV, 위성방송, IPTV는 소비자들의 인식에 유사한 매체로 인식되어 경쟁관계를 형성하거나 보완관계에 놓여 있음을 알 수 있다.

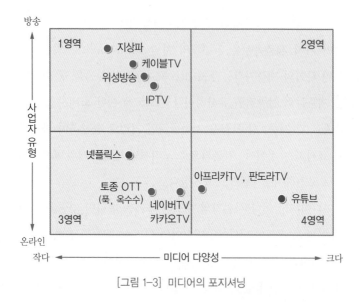

[그림 1-3] 미디어의 포지셔닝

3영역과 4영역에는 OTT 서비스가 위치한다. 하지만 넷플릭스가 오리지널 콘텐츠 중심의 TV 스크린을 지향하고 있는 것에 반해, 토종 OTT(푹과 옥수수)는 모바일 스크린을 지향한다는 면에서 차이가 있다.

기성 콘텐츠(오리지널 콘텐츠)를 유통하는 넷플릭스는 3영역을 차지한 반면 UCC를 유통하는 유튜브는 4영역에 위치해 있다.

4영역에는 UCC 콘텐츠를 온라인으로 유통하는 유튜브, 아프리카TV, 판도라TV 등이 위치해 있다. 그런데 4영역에 있는 유튜브가 오리지널 콘텐츠의 유통에 나서고 있어서 3영역의 사업자와 경쟁에 나서고 있다. 그런데 OTT 서비스를 제공하는 아프리카TV, 판도라TV, 네이버TV, 카카오TV 등이 기성 콘텐츠와 UCC를 함께 배급하고 있다. 이들은 3영역이나 4영역에 동시에 걸쳐서 서비스를 제공하고 있다고 보면 된다.

과연 글로벌 온라인 동영상 서비스(OTT) 기업의 대표인 유튜브와 넷플릭스는 미디어 시장에서 어떤 차별적 인식을 심어 줄까? 소비자들의 마음속에 이 기업들이 현재 어떤 위치에 있는가를 살펴보면 된다.

유튜브는 '세계 최대 동영상 공유 플랫폼'으로 1분당 400시간 이상 분량의 영상이 업로드되고, 하루에 업로드되는 영상 분량만 최소 57만 시간으로 미디어 다양성 측면에서 최고의 기업이다. 유튜브는 최근 아마추어들이 제작하는 UCC 콘텐츠에서 오리지널 콘텐츠로 확충하며 플랫폼의 품격을 높이는 전략을 구사하고 있다.

넷플릭스는 전 세계 1억 명이 넘는 가입자를 보유한 글로벌 OTT 기업으로 '세계 1위 동영상 스트리밍 서비스' 업체로 포지셔닝하고 있다. 넷플릭스는 온라인 서비스 중심의 유튜브와 달리 텔레비전 스크린을 지향하며 '온라인 시대의 TV'를 표방하고 있다.

만약 유튜브가 오리지널 콘텐츠 확보를 통한 프리미엄 전략을 추구한다면 3영역에 있는 넷플릭스와의 OTT 서비스 경쟁은 불가피할 것으로 예상된다.

(2) OTT 서비스 시장의 포지셔닝

국내 OTT는 지상파 방송사가 주축이 된 푹과 CJ ENM의 티빙 등 콘텐츠사업자가 제공하는 OTT, 올레TV 모바일, LG U$^+$ LTE 비디오포털, BTV 모바일 등 모바일 IPTV 서비스 등이 경쟁을 벌이고 있다. 여기에 통신사의 SK브로드밴드의 옥수수, 포털에서 제공하는 네이버TV와 카카오TV가 동영상 서비스를 확대하고 있으며, 왓챠플레이, 아프리카TV 등 다양한 OTT 서비스가 존재한다.

더구나 글로벌 동영상 서비스 업체인 유튜브는 직관적인 UI와 큐레이션 시스템으로 국내외 사용자를 확보했고, 넷플릭스는 현지 제작사 및 파트너사와의 협업을 통해 다양한 오리지널 콘텐츠를 제공하는 데 주력하였다. 실제로 2016년 한국갤럽이 브랜드 포지셔닝을 분석한 결과 푹, 티빙, 옥수수 등은 공통적으로 '다양한', '대표적인', '대중적인', '최신인'이라는 이미지로 나타났지만 넷플릭스는 '전문적인', '혁신적인'이라는 이미지로 나타났다.

또한 OTT의 최초 상기도(가장 먼저 떠오르는 브랜드)를 조사한 결과, 푹(12.7%)이 1위에 올랐고, 옥수수(9.9%), 티빙(7.8%) 순으로 나타났다고 밝혔다.

이런 조사를 바탕으로 국내 OTT 서비스 시장의 포지셔닝 맵을 그리면 [그림 1-4]와 같다. 포지셔닝 맵은 기본적으로 2개의 축(X-Y)으로 구성한다. X축은 콘텐츠의 완성도(UCC 콘텐츠와 오리지널 콘텐츠)로 구분했고, Y축은 망의 개방성(개방형과 폐쇄형) 정도로 표시하였다. 흔히 포지셔닝 맵은 특정 OTT 서비스가 어느 위치에 존재해야 하는지, 그에 따라 고객을 타깃팅하거나 포지셔닝 전략을 어떻게 세워야 하는지를 한눈에 알려 주는 지표라고 할 수 있다.

콘텐츠 사업자가 제공하는 OTT인 푹과 티빙은 중간 정도의 개방성과 약간의 오리지널 콘텐츠를 만드는 동영상 서비스업체

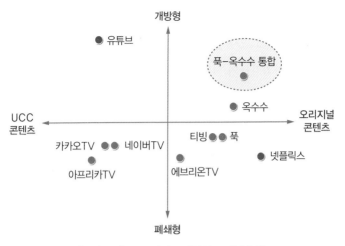

[그림 1-4] OTT 서비스 시장의 포지셔닝 맵

의 이미지를 구축하고 있다. 반면 네이버TV, 카카오TV, 아프리카TV는 중간 정도의 개방성과 아마추어가 제작하는 UCC 콘텐츠를 제공하는 동영상 서비스업체를 표방하고 있다.

SK브로드밴드의 옥수수는 푹과 티빙보다는 개방성이 조금 강하면서 웹드라마나 뮤직비디오 등 오리지널 콘텐츠를 공급하는 동영상 서비스 기업으로 위치를 잡고 있다. 옥수수는 이용자 휴대전화에 가장 많이 설치된 OTT 앱으로 2018년 11월 기준 953만 명이 설치한 것으로 조사되었다. 그만큼 옥수수가 푹이나 티빙보다 모바일 접근성이 강하다는 것이 입증되었다.

글로벌 스트리밍 사업자인 넷플릭스는 월정액을 내고 시청해야 하는 TV 지향의 폐쇄형이지만 고품질의 프리미엄 콘텐츠를 제공하는 포지셔닝 전략을 구사하고 있다. 여기에 대항하여 유튜브는 누구나 콘텐츠를 올릴 수 있는 개방형 매체로 아마추어들이 올리는 UCC 콘텐츠의 비중이 높은 동영상 공유 플랫폼으로 포지셔닝하고 있음을 알 수 있다.

글로벌 사업자들의 시장침투에도 국내 OTT 기업들이 선전할 수 있는 것은 국산 콘텐츠 선호도와 가격경쟁력이 있기 때문이다.

첫째, 국내 시청자는 지상파방송, 한국영화 등 최신 국산 콘텐츠를 선호하는 경향이 강하다. 우리나라의 경우 플랫폼이 훌륭해도 콘텐츠가 없으면 아무 의미가 없다. 그런데 넷플릭스는 주로 제작된 지 다소 오래된 해외영화나 드라마 콘텐츠를 제공하고 있기 때문에 콘텐츠 매력도가 떨어진다는 것이다.

둘째, 국내 유료방송 가격이 저렴하고, OTT 업체의 가격경쟁력이 있기 때문에 글로벌 사업자의 침투가 용이하지 않다.

국내 유료방송시장의 월간 가입자당 평균매출액(ARPU)은 만원대 초반으로 영국(40달러), 미국(80~100달러)과 차이가 크다. 이동사와 SO(system operator) 사업자가 스마트폰, 인터넷, 유료방송을 결합할인 판매하기 때문이다.

넷플릭스의 경우 침투에 성공한 나라들은 미국이나 유럽처럼 방송 콘텐츠를 고가에 보는 나라들인데, 우리나라는 그에 비해 저가 구조라 큰 파급력이 없다는 것이다.

이러한 글로벌 미디어의 공세에 대항하기 위해 지상파방송 3사의 '푹'과 SK브로드밴드 '옥수수'가 2018년 1월 합병하였다. 푹-옥수수 통합법인은 개방성을 좀 더 강화하면서 지상파방송 3사의 콘텐츠 제작역량을 바탕으로 오리지널 콘텐츠를 제작하는 데 주력할 것으로 보인다. 포지셔닝 전략수행을 위해서는 경쟁관계가 덜하고 사용자가 중요하게 생각하는 빈 공간을 찾아내는 것이 유리할 수 있다. 이 통합법인은 이용자의 시청경험을 어떻게 극대화하느냐가 핵심인데 새로 나올 서비스를 어느 지점에 포지셔닝할 것인지가 사업성공에 중요한 관건이다.

3) 한국 언론사의 성향과 브랜드 이미지

한국 언론사는 정치성향에 따라 진보, 중도, 보수의 이미지 등으로 구분할 수 있다. 코난테크놀로지가 2018년 언론사 152개의 인터넷 기사 140만 건의 보수, 진보의 편향성을 분석하여 '데이터 과학으로 만든 한국 뉴스지도'를 완성하였다. 이 결과는 언론사의 브랜드 의인화 이미지와 성향을 알 수 있는 지표가 되고 있다.

조선일보, 중앙일보, 동아일보 3대 메이저 신문사가 2011년에 출범한 종편채널에 진출하였다. 3개 신문사는 조선일보>동아일보>중앙일보 순으로 보수성의 차이가 있으나 대체적으로 보수 성향이 강한 이미지로 각인되고 있다. 빅데이터 분석으로 제작한 '데이터 과학으로 만든 한국 뉴스지도'에서는 3개 메이저 신문사는 보수 성향으로 분류되었으나 중앙일보가 대주주인 JTBC는 MBC 뉴스와 같은 중도 성향으로 구분되었다. 동아일보가 대주주인 채널A, 조선일보가 대주주인 TV조선은 신문사의 이미지와 비슷한 강보수 성향으로 분류되었다.

'데이터 과학으로 만든 한국 뉴스지도'에서 방송사만 구분하여 성향을 분석한 결과, 지상파방송의 경우 MBC 뉴스(3)가 중도로 구분된 반면, KBS 뉴스(6), SBS 뉴스(7)는 보수로 분류되었다. 종편채널은 중도 성향으로 분류된 JTBC(0)를 제외하고는

〈표 1-2〉 국내 언론사 유형별 성향

유형	강진보	진보	중도	보수	강보수
종합 신문		한겨레(-17), 경향신문(-10)	한국일보(-3), 서울신문(-3), 국민일보(-2)	중앙일보(12), 동아일보(15), 문화일보(15), 조선일보(24)	
방송/ 통신		뉴시스(-15), 뉴스1(-8), 연합뉴스(-8)	JTBC(0), MBC 뉴스(3)	KBS 뉴스(6), SBS 뉴스(7), 연합뉴스TV(7), YTN(11), MBN(13)	채널A(33), TV조선(53)
경제지		파이낸셜뉴스(-15), 머니투데이(-7), 이데일리(-6), 헤럴드경제(-5)		서울경제(5), 매일경제(9), 조선비즈(15)	
인터넷	프레시안(-34)	오마이뉴스(-29), 미디어오늘(-13), 노컷뉴스(-10),		데일리안(4)	
IT	블로터(-50)	전자신문(-16) ZDNet(-16)	아이뉴스21(1), 디지털타임스(2)	디지털데일리(7)	
매거진	시사IN(-31)	주간경향(-26), 한경비즈니스(-21), 한겨레21(-9)	주간동아(0), 신동아(1)	중앙SUNDAY(9), 주간조선(12)	매경이코노미 (33)
지역 신문	강원일보(-33)	부산일보(-14), 매일신문(-10)			
전문지	참세상(-79), 여성신문(-50)	기자협회보(-14)			마이데일리 (45)

주: 괄호 안 숫자는 중도 0을 기준으로 + 숫자가 커질수록 보수 성향이 강한 반면, - 숫자
가 커질수록 진보 성향이 강한 것으로 나타남.

MBN(13), 채널A(33), TV조선(53) 모두 보수 채널로 구분되었
다. 뉴스채널인 연합뉴스TV(7)와 YTN(11)은 보수 채널로 분류
되었다. 시청자들은 종편채널(JTBC 제외)과 뉴스채널을 보수우

익의 정치적 이념을 대변하는 정파성이 두드러진 채널로 인식하기 때문이다. 〈표 1-2〉에서 보듯이 우리나라 언론사 유형별 성향은 종합신문, 방송/통신, 경제지, 인터넷, IT, 매거진, 지역신문, 전문지로 구분하여 살펴볼 수 있다.

기존 신문사에서 출발한 조선일보, 중앙일보, 동아일보 등 3대 신문의 브랜드 이미지는 보수적인 것으로 드러났다. 이런 이미지를 바탕으로 2011년 종편채널을 출범했지만, JTBC는 중도 채널로서 채널A와 TV조선과는 다른 성향의 채널로 시청자들에게 인식되고 있는 것으로 나타났다. 즉, JTBC는 대주주인 중앙일보와 성향이 다른 채널로 포지셔닝하여 종편채널의 대표주자로 성공하였다. JTBC는 손석희의 〈뉴스룸〉을 앞세워 장기적인 관점에서 중립적이고 균형 있는 방송사라는 채널 아이덴티티를 구축하고, '종편채널의 대표주자'라는 채널 브랜드 포지셔닝으로 시청자들로부터 궁극적으로 기대하는 채널 이미지를 획득하였다.

반면, 채널A와 TV조선은 기존 신문 브랜드의 이미지를 방송에 그대로 전이시키며 보수 성향의 종편채널로 아이덴티티를 구축했음을 알 수 있다. 두 종편채널은 모 브랜드(신문 브랜드)와 직접 또는 간접적으로 연관된 채널로의 확장이 유리하다고 판단했기 때문이다.

특정 언론사의 성향은 회사의 고유의 이념, 회사가 추구하는 사회·문화적 책임, 특징, 성격이 시청자들에게 지각적·관념적으로 인식되는 것을 의미한다. 언론사의 색깔이 진보적인지 중도적인지 보수적인지 성향에 따라 소비자(수용자)에게 특정 이미지로 각인되고, 그런 성향을 바탕으로 브랜드 확장전략을 선택할 가능성이 높다.

따라서 미디어 기업들은 채널 아이덴티티가 정해지면 시장에서의 포지셔닝을 통하여 적절한 이미지를 구축하고, 시청자와의 유대감을 강화하여 호의적인 브랜드 자산을 확보하는 데 주력하게 된다.

4) 자체 브랜드(PB) 미디어의 등장과 성장

이마트는 자체 유통채널을 통해 PB(Private Brand) 상품을 소비자에게 선보이고 있다. '노브랜드'는 2015년 4월부터 이마트에서 전개하고 있는 자체 브랜드이다. 노브랜드 전문점은 매장 내 운영비를 최소화하고, 취급품목의 수를 제한하여 가격을 대폭 낮춘 초저가형 매장형태로 운영된다. 노브랜드는 생활용품부터 가공식품, 전자제품까지 취급범위가 800여 개로 상당히 넓다. '브랜드가 아니다. 소비자이다'라는 멋진 슬로건을 내걸고, 소비자가 현명한 스마트 컨슈머가 될 것을 강요한다.

이마트와 같은 대형할인점이 소비자들의 놀이터인 플랫폼5이라면 전국의 노브랜드 전문점은 개별 방송사로 비유되고, 노브랜드 전문점의 상품진열대에 올려진 PB 상품은 콘텐츠로 비유될 수 있다.

---

5 플랫폼은 콘텐츠를 자유롭게 생산, 유통하는 놀이터이자 가두리 양식장으로 비유할 수 있으며, 콘텐츠를 실어나르는 승강장, 역사(역건물)라고 생각하면 합당할 것이다.

미디어업계에서도 PB를 키우는 MCN 사업자와 비(非)네트워크 기반 플랫폼인 OTT 서비스가 등장하기 시작하였다. MCN 사업자는 이곳에 소속된 크리에이터들을 1인 미디어 방송 진행자로 양성하고, 유튜브 같은 OTT 서비스는 수많은 유튜버를 키우고 있다. 여기서 MCN 사업자와 유튜브는 플랫폼으로 거기에 올려진 수많은 1인 미디어(크리에이터)들은 자체 브랜드(PB) 상품의 역할을 한다. 유튜브는 무한대에 가까운 사용자 기반 콘텐츠를 바탕으로 성장 기반을 마련하고, 제휴 콘텐츠와 자체 제작 콘텐츠를 동시에 확보하는 방식으로 PB 전략을 구사한다. 이처럼 PB 전략을 추구하는 플랫폼 사업자의 사례로는 유튜브, 넷플릭스, 페이스북 등이 있다. 이 사업자들은 콘텐츠 확보를 위해 자체 제작을 시도하거나 제휴를 맺을 새로운 파트너를 찾는 등 다양한 노력을 시도하고 있다.

사용자 기반 콘텐츠를 제공하는 원천은 바로 1인 미디어 방송의 힘이 크다. 1인 미디어 방송은 시청자의 다양한 욕구에 대응하며 기존 TV를 대체할 차세대 매체로 떠올랐다. 〈대도서관 TV〉, 〈양띵〉, 〈허팝〉 등 1인 미디어 방송은 유튜브에서 구독자 수나 영향력 면에서 기존 레거시 미디어를 압도하고 있다.

1인 미디어 방송들은 자체 브랜드를 구축하기 위하여 특정 분야에서 전문가의 위치를 확보한 다음 자신의 브랜드 이미지와 적합한 영역으로 확장하는 방식의 개인 브랜드를 설정하고 있다.

시장조사업체 DMC미디어에 따르면 1인 방송 시청경험이 있는 20~40대 221명을 대상으로 2018년에 조사한 결과 이들의 시청시간은 1주일에 평균 78.7분인 것으로 나타났다. 2017년에는

1주일에 평균 61.1분을 보는 것으로 조사되었으며, 2018년에는 이보다 17.6분 늘어났다.

연령대별로 보면 20대는 1주일에 평균 96.6분 시청하는 것으로 조사되었고, 30대는 1주일에 85.9분, 40대는 56.1분을 보는 것으로 나타났다.

1인 방송을 시청하는 이유로는 '콘텐츠가 재미있고 흥미롭다' 라는 대답이 가장 많았고 '필요한 정보를 제공한다'는 응답이 두 번째로 많았다(《연합뉴스》, 2018.12.1).

이같이 미디어업계가 자체 브랜드 미디어를 개발하는 이유는 이용자들의 욕구세분화에 맞춰서 그들의 입맛에 맞는 다양한 콘텐츠를 제공할 수 있고, 콘텐츠 경쟁력을 바탕으로 수많은 이용자를 플랫폼에 끌어들여 광고수익과 부대수익을 창출할 수 있다는 장점 때문이다.

콘텐츠 유통을 담당하는 미디어 업체는 콘텐츠 생산까지 관여하여 자체 브랜드를 확장하는 전략을 구사하고 있다. 넷플릭스나 유튜브와 같은 미디어 기업은 대형할인점처럼 진열대 위에 수많은 콘텐츠를 배열해 놓고 시청자들을 유인하고 있다. 수많은 콘텐츠 중에는 다른 미디어 사업자와 제휴나 계약을 통해 공급받는 콘텐츠가 있고, 자체 브랜드로 '오리지널 콘텐츠'를 제작하여 안정적인 콘텐츠를 확보하고 시청자들을 끌어들이는 유인상품의 역할을 하기도 한다. 즉, 콘텐츠 유통을 담당하는 플랫폼업체가 콘텐츠 제작까지 사업범위를 확장하는 전략을 구사한다.

이 미디어 기업들은 시청자들에게 진열대 위에 놓인 자체 브랜드를 구매하도록 콘텐츠를 배열하고, 자체 브랜드 상품을 콘텐츠 구매과정에서 다른 사업자와의 협상력을 증대시키기 위한 수단으로 사용한다.

결국 자체 브랜드를 생산하는 미디어 기업은 상품진열대 안에 자사 오리지널 콘텐츠를 시청자의 눈에 잘 띄는 곳에 배열하도록 하여 소비자의 충성도를 높이고 자사의 시청률(매출)을 높이는 전략을 구사하고 있다.

chapter 2

레거시 미디어의
버티컬 브랜드 확대

레거시 미디어의 버티컬 브랜드 확대

1990년대 초반 케이블TV가 출현하기 전까지 KBS, MBC, SBS 등 몇 개 지상파방송이 과점시장 구조를 형성하고 있었다. 이후 2006년에 출범한 tvN과 2011년 개국한 종편 4사의 공격적인 편성과 차별화된 소재로 높은 시청률을 기록하면서 전통적인 미디어 브랜드가 점차 약화되고 있다.

설상가상으로 방송유통망은 새로운 기술에 의해 대체되고 있다. 모바일과 OTT 기술이 도입되면서 유튜브, 페이스북, 트위터, 포털 등 새로운 플랫폼이 기존 방송을 잠식하고 있다. 현재 레거시 미디어가 겪고 있는 위기는 기존에 유지되던 플랫폼으로서의 지위를 상실해 가고 있기 때문이다.

온라인 저널리즘 분야의 세계적 석학인 제프 자비스(Jeff Jarvis)는 현재 레거시 미디어가 처한 현실을 다음과 같이 정리하였다.

We have two houses. One is on fire and the other isn't built yet. So our problem is that we have to fight the flames in the old house at the same time we're trying to figure out how to build the new one.

불에 타고 있는 집은 레거시 미디어의 위기를 지적한 것이고, 새로 짓는 집은 뉴미디어를 의미하는 것이다. 문제는 불꽃에 휩싸인 레거시 미디어를 위기에서 구해 내고, 뉴미디어를 어떻게 구축해야 하는지를 알아내는 것이다.

레거시 미디어의 선택은 모바일 퍼스트를 외치면서 유튜브, 페이스북 등 뉴미디어를 거점으로 서브 채널을 만드는 것이었다. 모바일 친화적인 젊은 층을 자신의 콘텐츠로 끌어들이기 위해 다양한 채널과 유통방식이 필요했던 것이다. 과거에는 콘텐츠 유통의 주도권을 방송사가 쥐고 있었다면, 현재는 유통의 주도권을 개인이 쥐면서 미디어의 브랜드 영향력이 점점 약해지고 있다. 하지만 미디어 브랜드 전략은 여전히 중요하다. 주요 방송사는 메인 브랜드를 연결시켜 버티컬(서브) 등 다양한 브랜드 전략을 세워야 하는 입장이다. 레거시 미디어는 온라인 세상에 버티컬 브랜드를 만들어 놓고, 젊은 층을 강력하게 끌어당길 수 있는 콘텐츠를 올려놓고 구독하게 만든다. 그런 다음 방송사는 버티컬 브랜드에 구독층을 끌어들여 전통매체인 TV 콘텐츠를 시청하도록 연결고리를 만들어 주고 있다.

MBC와 KBS는 〈14F 일사에프〉와 〈크랩〉이란 뉴스 서브 브랜드를 론칭해 운영하고 있고, JTBC는 강력한 손석희 브랜드와 소셜 친화적인 전략으로 페이스북과 유튜브를 중심으로 눈에 띄는 성과를 거두고 있다. 여기에 기존 뉴스 재가공 콘텐츠와 함께 카드뉴스, 오리지널 영상 콘텐츠 등도 선보이면서 철저히 자기편으로 끌어안는 전략을 사용하고 있다.

이 밖에도 CBS의 〈씨리얼〉, 한국일보의 〈프란-PRAN〉, 헤

[그림 2-1] 레거시 미디어의 버티컬 브랜드 사례

럴드경제의 〈인스파이어 INSPIRE〉 등이 주목할 만한 레거시 미디어의 서브 브랜드인데 아직까지는 실험과 모색 단계라고 할 수 있다.

이 장에서는 변화하는 미디어 환경에서 시청자와의 만남을 위해 디지털 버티컬 브랜드로 무장한 지상파방송 3사와 케이블TV의 브랜드 관리와 유통의 흐름을 살펴보기로 한다.

1. 지상파방송의 버티컬 브랜드 전략

레거시 미디어도 기존 브랜드 포지셔닝으로는 시청자들의 이탈을 막기 어렵기 때문에 멀티 디바이스 환경에 어울리는 브랜드를 위해 별도의 서브 브랜드인 '버티컬 브랜드'를 도입하는 사례가 증가하고 있다.

지상파 방송사는 기존 메인 브랜드를 벗어나 콘텐츠의 소재나 형식에서 다양한 실험을 시도할 수 있는 새로운 브랜드를 도입하고 있다. 버티컬 브랜드는 젊은 세대가 좋아할 만한 콘텐츠를 내놓으며 지상파방송에서 멀어지고 있는 젊은 세대를 디지털 플랫폼으로 끌어들이고 있다.

SNS라는 유통 플랫폼 다변화와 모바일 디바이스의 이용확대, 시청자의 소비행태 변화 등에 발맞춘 새로운 특화 콘텐츠에 맞는 새로운 버티컬 브랜드의 도입이 필요하기 때문이다. 레거시 미디어의 버티컬 브랜드의 도입은 기존 단일 브랜드의 리스크를 줄이고, 디지털 환경에 맞춘 서브 브랜드를 도입하여 무겁고 지루하다는 올드 미디어 인식에서 탈피하려는 자구책이기도 하다. 또한 기존의 브랜드로는 디지털과 모바일에 적합한 새로운 형식의 콘텐츠를 담는 새로운 그릇이라는 개념을 시청자들에게 제대로 인식시키기 어렵다는 문제의식도 함께 작용하고 있다. 새로운 형식의 콘텐츠를 담기 위하여 레거시 미디어들은 새로운 버티컬 브랜드를 도입하여 젊은 시청자들을 묶어두고 있다. 모바일과 온라인에 익숙한 10~20대 시청자에게 버티컬 브랜드는 자신들이 보고 싶은 콘텐츠를 담고 있는 강력한 채널이 되었다.

KBS는 '예띠 스튜디오'라는 버티컬 브랜드로 MCN 사업에 뛰어들었고, SBS의 〈스브스뉴스〉나 〈비디오머그〉도 버티컬 브랜드로 손꼽을 수 있다. 〈스브스뉴스〉는 카드뉴스 포맷으로, 〈비디오머그〉는 짜투리 영상 활용으로 지상파의 엄숙함과는 거리가 먼 콘텐츠를 만들고 있다.

1) KBS

(1) 버티컬 브랜드

버티컬 브랜드는 기본 미디어에서 특정 분야를 따로 떼어내고 더 깊게 파고드는 것으로 모기업의 미디어 브랜드가 가졌던 콘텐츠의 소재나 형식에서 벗어나 새롭고 자유롭게 실험을 해볼 수 있는 전문성을 갖춘 서비스 브랜드를 의미한다.

KBS는 1인 미디어 시대를 맞아 '예띠 스튜디오'라는 브랜드를 걸고 본격적인 MCN 사업에 뛰어들어 콘텐츠 제작에 나서고 있다.

KBS는 2015년 7월 스마트 미디어 시대에 각광받는 MCN, 즉 다중 채널 네트워크 사업에 진출하기 위해 '예띠 스튜디오'를 개장하였다. MCN 사업은 개인 창작자와 제휴해 독창적인 콘텐츠를 온라인으로 유통시키고 광고수익을 나눠 갖는 사업방식이다. KBS는 2015년 7월 1인 창작 시스템 활성화를 위하여 '예띠 스튜디오'를 설립하고, 20팀의 크리에이터들이 활동하는 '갓 티브이'를 비롯해 KBS 아나운서들이 주인공이 된 요리 프로그램인 '만만한 요리 쌀전'을 선보였으나 반응이 좋지 않아 현재는 채널 운영이 중단된 상태이다.

KBS는 2017년 3월 디지털뉴스 〈크랩〉을 탄생시켰다. '크랩'은 ㅋㅋㅋ의 '크'와 연구소란 의미의 '랩(lab)'의 합성어로 재미있는 콘텐츠 연구소를 표방한다. 디지털뉴스 〈크랩〉은 무조건 재미만 추구하지 않고 뉴스와 대중적 스낵 콘텐츠 사이에서 적절히 줄타기를 하며 저널리즘과 KBS 브랜드 가치를 훼손하지 않는 범위 내에서 소셜채널에 콘텐츠를 제공하고 있다.

이밖에도 KBS는 〈고봉순〉(KBS의 애칭)이라는 버티컬 브랜드도 운영하고 있다. 〈고봉순〉은 화제의 해외영상을 1분 이내의 클립으로 제작하여 간단한 영상설명을 붙여서 홈페이지와 유튜브에 제공하고 있다.

디지털뉴스팀은 〈Go!현장〉, 〈케이야〉 등 동영상 클립을 제작하여 방송과 디지털 플랫폼을 유기적으로 연결시킨 멀티플랫폼 콘텐츠 배포를 시도하고 있다.

공영방송 KBS가 디지털 콘텐츠에 대한 인식이 제고된 것은 높이 평가할 만하지만 거대조직에 익숙해져 있는 구성원들이 스낵 컬처 형태의 디지털 콘텐츠 제작에 유연하게 적응하는 데에는 시간이 걸릴 것으로 보인다.

KBS는 조직적 차원의 미래전략 부재, TV 시청률 중심의 성과평가 체계, 스마트 미디어에 개별 제작진이 각개 격파하는 식의 대응으로 변화를 만들어 가며 모든 책임을 떠맡는 구조, 조직의 노령화에 따른 지속가능한 변화의 어려움 등이 복잡하게 얽혀 있다.

(2) 콘텐츠의 유통 흐름(방향)

KBS는 세계적인 공영방송 BBC가 추구하는 멀티플랫폼 전략을 모방하여 콘텐츠 유통을 확대하고 있다. 콘텐츠 유통을 위해 KBS는 인터넷을 기반으로 한 무료 플랫폼을 활용하고 있다.

KBS는 'K플레이어'(myK)라는 웹브라우저를 통하여 플랫폼과 관계없이 실시간 방송과 다시보기 방송을 볼 수 있다. 멀티플랫폼 매체인 'myK'는 초기 PC 기반으로 출시한 뒤 스마트폰, 케이블TV, IPTV, 스마트TV 등에 제공되었다. myK는 KBS 방송 프로그램을 인터넷 및 모바일로 무료로 시청할 수 있는 무료 서비스로 진행되고 있다.

또한 KBS는 SBS, MBC와 함께 투자하여 설립한 OTT 사업자인 '푹'을 통하여 지상파 방송사 실시간 채널과 VOD 콘텐츠를 스마트폰, 태블릿, PC 등 N스크린을 통해 서비스를 제공하고 있다. 10대들이 주로 스마트폰을 통해 '하이라이트 영상'을 보는 시청형태에 대응하여 KBS는 포털인 네이버와 다음카카오, 곰TV를 활용하고 있다. 여기에 인기 프로그램의 3~5분 분량 하이라이트 영상을 제공하고 있다.

KBS는 2012년 유튜브와 계약을 맺고 시사, 드라마, 교양 프로그램을 공급하면서 유튜브를 콘텐츠 해외 유통망으로 적극 활용하게 되었다. 10개의 유튜브 계정을 운영하는 KBS는 〈KBS 한국방송(MyloveKBS)〉을 비롯해 〈KBSEntertain〉, 〈DramaKBS〉, 〈KBSDocumentary〉 등의 장르채널은 물론 〈「싸꼰」 사사건건〉, 〈저널리즘 토크쇼 J〉, 〈댓글 읽어주는 기자들〉 등 개별 프로그램 채널까지 만들어 콘텐츠를 유통하고 있다.

특히 데일리 시사 토크 프로그램인 〈사사건건〉은 전문 패널단이 출연해 수많은 시사 이슈를 분석하는 토크쇼 프로그램으로 카카오TV와 유튜브를 통해 실시간 라이브로 시청할 수 있다.

KBS는 콘텐츠를 시청자들에게 전달하는 경로에 있어서 기존 TV 중심이 아닌 인터넷, 모바일, 온라인을 포함한 멀티플랫폼으로 전환하고 있다.

2) MBC

(1) 버티컬 브랜드

MBC는 이명박-박근혜 정부 시절 방송장악과 보도참사를 유발하여 신뢰도의 하락을 가져왔다. 2017년 12월, MBC는 최승호 사장 취임 이후 〈14F 일사에프〉, 〈엠빅뉴스〉와 같은 버티컬 브랜드를 강화하고 있다.

MBC는 〈마이 리틀 텔레비전〉이라는 인터넷 방송 형식의 버티컬 브랜드를 처음으로 지상파에 도입하여 콘텐츠 외연을 확장하였다. 〈마이 리틀 텔레비전〉은 아프리카TV와 같은 형식을 끌어온 프로그램으로써 평균 시청률 5~7%를 기록하며 10~30대 젊은 시청자에게 인기를 끌었다. 〈마이 리틀 텔레비전〉은 연예인과 사회각층에서 활약하는 요리사, 의사, 강사, 마술사 등을 출연시켜 최고의 개인방송국이 되기 위해 치열한 경쟁을 펼치는 실험적인 예능 프로그램으로 자리를 잡았다.

〈마이 리틀 텔레비전〉의 변형인 〈마이 리틀 뉴스데스크〉(이하 마리뉴)는 〈MBCNEWS〉 유튜브 채널에서 생방송을 하면서 주목을 끌었다. 〈마이 리틀 뉴스데스크〉는 8시 메인 뉴스에 나갈 주요 기사를 소개하고, 시청자가 뽑은 기사를 메인 뉴스에 반영하는 등 시청자와의 소통을 강조하였다. 또한 소속기자가 출연해 취재 뒷얘기를 풀어 주고 궁금증도 해소하며, 〈마이 리틀 뉴스데스크〉는 시청자와 기자가 대화하는 방송으로 뉴스의 실험을 통한 신뢰를 쌓고 있는 것이다.

〈엠빅뉴스〉는 2015년 12월 탄생하였다. 〈엠빅뉴스〉는 MBC

의 마스코트 캐릭터인 '엠빅'의 이름에서 따온 것이다. 〈엠빅뉴스〉는 트렌디한 짧은 뉴스로 페이스북과 인스타그램, 유튜브, 포털TV 등을 통해 10~20대 젊은 층에게 제공되었다.

이후 MBC는 2018년 7월 〈14F 일사에프〉라는 소셜미디어 전용 뉴스채널을 개국하였다. 〈14F 일사에프〉라는 브랜드명은 뉴미디어 뉴스국이 위치한 미디어센터 14층을 본떠 만든 것이다. 정형화된 텔레비전 보도 형태에서 벗어나 유튜브나 페이스북 라이브 방송을 통해 실시간으로 수용자의 반응을 살피는 '네트워크 저널리즘'을 강화하겠다는 의도이다. '20대가 만드는, 20대를 위한 뉴스'를 표방한 〈14F 일사에프〉는 밀레니얼 세대의 타깃 오디언스를 중심으로 콘텐츠를 제작하고, 페이스북 구독자를 확대하는 방안을 마련하고 있다.

〈14F 일사에프〉는 'MBC 14층 사람들'이라는 뜻으로, 뉴미디어센터 14층에 있는 제작팀이 하루 3~4개의 아이템을 선정하고, 3분 정도의 동영상 형태로 소개하는 뉴스 콘텐츠이다. 밀레니얼 세대가 3분 정도의 영상을 끝까지 지켜보는 비율은 20% 안팎이지만, 라이브 방식의 소통을 강조하고 있어 〈14F 일사에프〉 유튜브 구독자가 꾸준히 늘고 있다. MBC는 2019년에는 토크쇼, 다큐멘터리도 기획 중이며, 20대가 선호하는 스타트업 매체와의 협업도 시도할 계획이다.

MBC는 버티컬 브랜드에 집중하여 젊은 수용자들과 접점을 찾아 시청자 신뢰도를 회복하려고 시도하고 있지만, 조직 내부 구성원 간 갈등과 광고주 기피현상, 시청률과 매출액의 급감 등 그동안 실추되었던 MBC의 위상을 되살리는 데 상당한 시일이

걸릴 것으로 예상된다.

(2) 콘텐츠의 유통 흐름(방향)

MBC는 다른 지상파와 마찬가지로 뉴미디어 사업영역 진출 시 멀티플랫폼 전략을 활용하고 있다. 유튜브 채널이나 페이스 북, 포털TV 등 MBC 콘텐츠를 다양한 유통창구에서 활용하고 있다. 〈MBCNEWS〉는 2006년 개설하여 메인 뉴스인 〈뉴스데 스크〉와 〈뉴스투데이〉, 〈뉴스외전〉 등을 볼 수 있는 뉴스 공식 유튜브 채널이다. 뉴스를 알기 쉽게 전달하는 〈엠빅뉴스〉, 〈MBCentertainment〉, 〈MBCdrama〉, 〈MBCkpop〉 등의 채널 이 유튜브에 개설되어 있으며, 〈14F 일사에프〉라는 밀레니얼 세 대만을 위한 뉴스채널도 인기를 끌고 있다. 이밖에 〈오늘비와?〉 는 MBC 기상캐스터들이 일기예보 영상을 유튜브에 올린 것으 로 2018년 10월에 개설되었다.

3) SBS

(1) 버티컬 브랜드

소셜미디어로 가장 주목받는 언론사는 SBS이다. SBS는 2016 년 보도본부에 뉴미디어국을 신설하고, 동영상 기반의 〈비디오 머그〉와 카드뉴스 기반의 〈스브스뉴스〉라는 강력한 버티컬 브랜 드를 도입하였다. 이런 버티컬 브랜드는 방송 뉴스를 접하지 않 는 젊은 세대와의 접점을 찾고자 새로운 디지털 뉴스 브랜드를 만든 것이다.

〈스브스뉴스〉는 여러 장의 이미지 슬라이드를 나열해 스토리텔링을 하는 카드뉴스 포맷으로 기존과 차별화된 문법을 구사하고 있다. 〈스브스뉴스〉는 10~20대 디지털 문법에 맞춰 영상과 시각적 이미지를 다양하게 사용하며 '최저 시급으로 장보기'와 같은 프로젝트로 SBS의 채널 브랜드를 확장시켰다.

〈비디오머그〉는 기존 뉴스 촬영 영상 가운데 뉴스화되지 않은 자투리 영상을 CG 및 효과음으로 재가공하는 이른바 '자투리 저널리즘'으로 최근 존재감을 넓혀 가고 있다. 자체 사이트뿐 아니라 페이스북과 유튜브 등 외부 플랫폼도 적극 활용해 구독자를 늘려가는 중이다.

또한 SBS는 〈스브스뉴스〉, 〈비디오머그〉 등 5개 페이스북 팬페이지를 운영하면서 모바일에 적합한 콘텐츠를 생산하고 있다. 〈스브스뉴스〉는 소소하고 감동적인 이야기로 페이스북과 유튜

SBS

- 버티컬 브랜드 : 스브스뉴스 / 비디오머그 / 모비딕
- 개설일 : 2015년 2월 / 2015년 3월 / 2016년 6월
- 주 플랫폼 : 페이스북, 유튜브/ 페이스북, 유튜브/ 별도 사이트
- 페이스북 팔로워 수 : 41만여 명/ 71만여 명/ 13만여 명
- 콘셉트 : 일반인들의 소소한 이야기 / 재미있는 동영상 콘텐츠 / 모바일 동영상 콘텐츠

[그림 2-2] SBS 버티컬 브랜드 유형

브에서 많은 인기를 얻으면서 젊은 브랜드 이미지를 모 브랜드 인 SBS에 전이시키고 있다.

SBS는 2017년 12월 뉴스 부문 뉴미디어 자회사 'SBS 디지털 뉴스랩'을 출범시켰다. SBS 디지털뉴스랩은 모바일 디바이스에 특화된 스토리텔링으로 〈스브스뉴스〉, 〈비디오머그〉, 〈마부작침〉, 〈골라듣는 뉴스룸〉 등 특화된 뉴스 브랜드를 생산하며 소셜미디어 콘텐츠 제작과 유통을 담당하게 된다.

〈스브스뉴스〉, 〈비디오머그〉, 〈모비딕〉은 유튜브뿐 아니라 페이스북·네이버·카카오 등 다양한 온라인과 모바일 플랫폼에 콘텐츠를 유통하는 것으로 수익을 창출하고 있다. 과거의 별도 브랜드가 주로 '인터넷'이라는 새로운 플랫폼에 대응하기 위한 것이었다면, SBS는 주로 '모바일'을 중심으로 한 '멀티플랫폼'과 '소셜미디어'를 이용하는 시청자의 요구에 가장 적극적으로 부응하고 있다.

(2) 콘텐츠의 유통 흐름(방향)

SBS는 모바일TV 등의 플랫폼을 통해 콘텐츠를 유통하는 동시에 자사 온라인 플랫폼을 강화하면서 다른 OTT 사업자와의 제휴도 추진하고 있다. 24시간 온라인 뉴스채널인 〈SBS 모바일 24〉는 2019년 4월 24일 정식으로 개국하며 유튜브와 네이버TV 등에 실시간으로 뉴스를 내보내고 있다.

글로벌 플랫폼 유튜브를 이용한 콘텐츠 유통에도 적극 나서고 있다. SBS는 뉴스, 예능, 드라마 등 자사의 콘텐츠도 유튜브에서 유통하고 있다. SBS는 유튜브에 〈SBS Entertainment〉, 〈SBS

KPOP PLAY〉, 〈SBS NOW〉, 〈SBS 뉴스〉, 〈SBS SDF〉 등
〈SBS Family〉 채널을 운영하고 있다. 〈SBS Entertainment〉 유
튜브 채널은 구독자 수가 197만 명으로 가장 많고, 〈SBS 뉴스〉
37만 명, 〈SBS Culture〉 33만 명, 〈SBS NOW〉 21만 명을 기록
하고 있다.

유튜브 채널 중 〈SBS SDF〉는 SBS가 지난 10여 년 진행해 온
양대 지식나눔 프로젝트인 서울디지털포럼과 미래한국리포트를
계승 발전시킨 'SBS D 포럼'의 지식 콘텐츠를 올려놓고 있다.

SBS는 2019년 4월부터 유튜브 24시간 라이브를 실시하였다.
24시간 라이브에서는 기존 지상파 데일리뉴스와 함께 디지털 네
이티브 콘텐츠를 방송하고 있다. 〈모닝와이드〉부터 〈뉴스브리
핑〉, 〈오뉴스〉, 〈8뉴스〉, 〈나이트라인〉 등 데일리뉴스 외에도
〈스브스뉴스〉와 〈비디오머그〉 등 디지털 콘텐츠가 적절히 채워
지는 방식이다. 또한 앵커들이 유튜브 채널 전면에 나서 〈8뉴
스〉의 김현우, 최혜림 앵커와 〈주말 8뉴스〉의 김범주, 김민형 앵
커가 각각 유튜브 전용 프로그램을 진행할 계획이다(《한국기자협
회보》, 2019.3.27).

SBS는 자회사를 통해 〈스브스뉴스〉와 〈모비딕〉이라는 2개의
유튜브 채널을 운영하고 있다. 해당 채널은 2019년 6월 말 기준
으로 39만, 31만 명의 구독자를 확보하고 있다. 〈스브스뉴스〉는
정보나 뉴스에 관한 영상이 많고, 〈모비딕〉의 경우 자체 제작한
웹드라마, 예능 등 재미 위주의 영상을 내보고 있다. 〈스브스뉴
스〉는 좀 더 길고 심층적인 카드뉴스가 게시되고 '직장인 공감
툰! 스브스 미생' 등 직접 제작한 웹툰을 게재하며, 자세한 정보

를 알려 주는 '스브스스토리', 강의나 문답식 형식의 '스브스출동'
이라는 스핀오프(spin-off) 코너로 분화시켰다. 화제가 된 아델 소
녀의 인터뷰 영상, 궁합이 잘맞는 강아지, 베트남에서 맥도날드
먹으러 간 북한 사람들 등 좀 더 말랑말랑하고 쉬운 콘텐츠가 하
루에 많게는 7~8건, 적게는 3~4건 올린다.

SBS는 2019년부터 콘텐츠의 트렌드나 수익 차원에서 주력 플
랫폼을 페이스북에서 유튜브로 전환하였다. 유튜브는 댓글이나
콘텐츠 흐름을 파악하기 쉽고 영향력이 크기 때문에 선택된 것
으로 보인다.

이와 함께 〈SBS NOW〉 인스타그램 계정은 IGTV를 개시하

〈표 2-1〉 지상파 방송사의 버티컬 브랜드 운영 현황

방송사	조 직	버티컬 브랜드 유형	내용 및 운영 방식
KBS	디지털뉴스 제작부	• 〈크랩〉, 〈고봉순〉 〈Go!현장〉 버티컬 브랜드 운영 • '예띠 스튜디오' 브랜드로 MCN 사업 시작	• 뉴스와 드라마를 결합한 장르 시도 • 'K플레이어(myK)' 무료 서비스 제공 • OTT 서비스인 '푹'을 통한 N스크린 제공
MBC	뉴미디어센터	• 〈엠빅뉴스〉 : 트렌디한 짧은 뉴스로 10~20대에 제공 • 〈14F 일사에프〉 : 3분 정도의 동영상 형태의 뉴스 콘텐츠 • 〈오늘비와?〉 : 기상캐스터의 일기예보 영상	• 트렌디한 콘텐츠로 10~20대 젊은 층에게 제공 • 유튜브나 페이스북 라이브 방송
SBS	보도본부 뉴미디어국	• 〈스브스뉴스〉 : 정보나 뉴스 영상 위주 • 〈모비딕〉 : 자체 제작한 웹드라마, 예능 등 재미 위주 • 〈비디오머그〉 : 자투리 영상의 소화	• 유튜브, 페이스북, 인스타그램 계정 운영 • 자체 기획, 제작한 채널 운영

여 자체 프로그램 하이라이트나 출연진의 인터뷰 컷의 동영상을 올려서 홍보효과를 극대화하고 있다.

SBS는 1999년 콘텐츠 유통전문기업인 SBS콘텐츠허브를 설립하여 자사의 콘텐츠를 국내외로 유통시키고 있다. 해외유통은 중국, 일본, 동남아, 유럽 등 전 세계를 대상으로 방송 및 VOD 콘텐츠 유통, 포맷유통 및 공동제작에 나서고 있다. 국내유통은 IPTV, 모바일, 케이블TV, 포털 등 뉴미디어 플랫폼을 통한 다양한 창구의 배급경로를 확보하고 있다.

2. 케이블TV의 버티컬 브랜드 전략

우리나라의 경우 미디어 브랜드 개념은 케이블TV와 같은 다채널 플랫폼 사업이 등장하면서 활용되기 시작하였다. 매체환경의 변화와 경쟁의 심화에 대처하기 위해 시청자전략인 시장세분화, 타깃팅 전략을 적극적으로 구사한 케이블 및 위성 채널들은 채널 포지셔닝 개념을 도입하여 각 채널의 기본적인 성격을 전략적으로 설정하고 관리하고 있다(김정현, 2009, 31쪽).

케이블TV와 지역방송국의 경우 세분화된 시장을 커버해야 하므로 브랜드 관리 효과는 종합편성을 하는 지상파방송보다는 더욱 전략적이고 직접적이라고 할 수 있다. 2000년대 이후 우리나라 케이블TV도 미국 케이블TV처럼 철저한 브랜드 관리 전략을 받아들였다. 즉, 시청자가 어떤 채널 하면 떠올리는 서비스, 조직의 특성을 말하는 것으로 네트워크(지상파)TV보다 채널 세분화가 잘 되어 있는 케이블TV가 채널 브랜드 이미지 형성에 유리하다.

그러나 케이블TV도 공급과잉에 따른 채널 수 증가와 글로벌 플랫폼의 위협으로 시대적인 흐름을 반영하여 소셜미디어 이용자와의 유대에 주력할 수밖에 없는 상황에 처하였다.

케이블TV 방송사 중 가장 영향력 있는 뉴스채널과 종편채널은 뉴스 생산 및 유통 차원뿐 아니라 채널 정체성을 갖고 젊은 시청자와의 거리감을 좁히기 위하여 버티컬 브랜드를 만들기 시작하였다.

뉴스채널인 YTN은 〈돌발영상〉이라는 성공사례를 기반으로 '대한민국 24시간 뉴스채널'이라는 버티컬 브랜드를 만들었고, 종편을 대표하는 JTBC는 〈소셜스토리〉, 〈트리거〉, 〈소탐대실〉 등 새로운 멀티미디어 브랜드로 거기에 맞는 유통전략을 세우게 되었다.

1) YTN

(1) 버티컬 브랜드

YTN은 레거시 미디어 시스템인 YTN과 뉴미디어 시스템인 YTN 플러스가 협력적 공생관계를 체결하여 브랜드를 통합·관리하고 있다.

YTN의 버티컬 브랜드 시작은 〈돌발영상〉에서 출발한다. YTN은 고정형 PC로 뉴스를 소비하던 2000년대 초반 〈돌발영상〉이라는 킬러 콘텐츠를 만들어 보도전문 채널의 브랜드를 알리는 데 성공하였다. 〈돌발영상〉은 시사 프로그램으로 2003년 보도국 노종면 기자에 의해 YTN의 정오 뉴스 프로그램인 〈뉴스 퍼레이드〉의 중간에 토막으로 처음 방송하기 시작하였다. 〈돌발영상〉은 이슈가 되고 있는 정치인과 유명인의 소소한 발언, 행동, 비하인드 스토리들을 풍자 형식으로 엮어 방송하는 프로그램으로 큰 인기를 끌었다.[1]

2018년 12월 YTN은 〈돌발영상〉을 리뉴얼하여 다시 방송을 시작하였다. 〈돌발영상〉은 '뉴스의 이면 들추기'를 중점으로 브랜드를 재활성화하여 브랜드 아이덴티티를 현대화할 수도 있었다. 〈돌발영상〉은 2~3분 정도의 짧은 영상으로도 강한 풍자와 메시지를 잘 담아내서 YTN을 대표하는 프로그램으로 경쟁사인 MBN의 〈팝콘영상〉을 압도하였다.

〈돌발영상〉 이후에 YTN에서 선보인 버티컬 브랜드는 존재감이 없었다. 그러나 YTN 디지털센터 모바일 프로젝트팀은 YTN의 '24시간 뉴스채널'이란 브랜드를 디지털로 새롭게 확장시키는 데 도전하였다. 간편하게 제보할 수 있는 시스템(CMS)을 연 뒤 24시간 보도채널 브랜드를 결합시켰다. 뉴스에서는 볼 수 없는 다양한 제보영상이 올라왔다. 1년 만에 페이스북 구독자는 100배 이상 늘었고 버즈량 또한 언론사 가운데 1위를 기록하게 되었다.

미디어 전문회사 《더피알(The PR)》은 2016년 유엑스코리아

---

1 〈돌발영상〉은 2018년 12월 3일 부활하여 이명박 전 대통령의 자원외교를 다룬 '선견지명
 박'을 첫 영상으로 내보냈다.

의 페이스북 페이지 방문자 행동분석 서비스 '빅풋'의 PIS(Post Interaction Score)를 기준으로 2016년 상반기(1~4월) 순위를 조사한 결과, YTN이 상위 30개 언론사 가운데 팬 수 27만 6,977명, 일평균 PIS 65983으로 3위 안에 드는 기염을 토했다. YTN은 페이스북 페이지 리스트에서 2015년 상반기 팬 수 2만 6,000여 명에 일평균 PIS 1059를 기록하며 20위권 가까이에 있었지만, 1년 만에 팬 수는 10배, 일평균 PIS는 60배나 증가했다(《The PR》, 2016.5.30).

이런 제보영상을 효율적으로 관리하는 시스템 덕분에 YTN 페이스북 팬 수가 급증한 것이다. YTN은 페이스북 제보 시스템을 새로운 킬러 콘텐츠로 만들며 보도전문 채널의 브랜드를 알리는 데 크게 기여하고 있다.

이와 함께 모바일용 시사 콘텐츠인 〈3분 뉴스〉, 〈와! 이 세상〉, 〈와삼 스톡〉, 〈음악 굽는 와플#〉, 〈YTN Star 현장 영상〉, 〈해보니 시리즈〉 등도 인기를 끌고 있다. 〈해보니 시리즈〉의 경우 기자들이 직접 경험하고 체험해 본 내용으로 기획형 뉴스 콘텐츠이다. 예를 들어 미루던 공기청정기 청소 1년 만에 해보니, 고성 화재 자원봉사해 보니, 미세먼지 '매우 나쁨' 날 '방독면' 쓰고 출근해 보니 등과 같이 기자가 직접 체험을 해보고 기사를 쓰는 형식이다. 〈해보니 시리즈〉는 기자들이 1, 2주에 한 번씩 돌아가면서 아이템을 정하고 체험과 취재를 하고 있으며, 전문가 의견을 인터뷰에 넣어 정확한 콘텐츠를 제작하고 있다.

YTN은 2013년 유튜브 채널에 〈YTN NEWS〉를 개설한 이후 5년 만에 구독자 수가 100만 명을 돌파했다. 〈YTN NEWS〉는

2019년 3월 유튜브 채널 구독자 100만 명을 넘겨 국내 언론사 가운데 최초로 유튜브 '골드 플레이 버튼'을 받았다. YTN은 유튜브에 24시간 라이브 뉴스를 제공하며, 다양한 뉴스 클립을 VOD 형태로 공급하여 충성도 높은 시청자를 확보한 것이 구독자 확보에 도움이 되었다고 밝혔다.

(2) 콘텐츠의 유통 흐름(방향)

YTN은 자회사인 YTN 플러스와 협력적 공생관계를 통하여 온라인 브랜드를 관리하고 있다. YTN 플러스가 YTN 원본영상을 모바일로 2차 가공하여 오픈 플랫폼에 배포하고 있으며, 유튜브, 페이스북, 모바일 등 다양한 플랫폼에 콘텐츠를 유통시키고 있다. YTN은 기존 플랫폼을 확장하는 전략에서 벗어나 플랫폼에 맞게 콘텐츠를 재가공해야 한다는 인식 아래 모바일과 온라인 매체에 콘텐츠를 공급하고 있다. YTN 플러스 디지털뉴스팀은 기자와 에디터 등 17명으로 구성되어 YTN 콘텐츠의 디지털화에 주력하며 하나의 콘텐츠를 각종 플랫폼에 맞게 재가공하는 역할을 담당하고 있다.

YTN은 메인 채널인 YTN, 〈YTN life〉, 〈YTN science〉 등 3개 주력 채널을 디지털 케이블, IPTV, 스카이라이프 등을 통해 시청자들에게 제공하고 있다.

YTN은 2005년 DMB를 개국한 데 이어 과학전문 채널인 사이언스TV, YTN 라디오(FM 94.5MHz)를 개국하는 등 매체력 확장에 주력하였다. 2003년 설립한 YTN 플러스라는 자회사를 통해 YTN 콘텐츠를 모바일과 포털사이트에 제공하고 있다.

YTN WORLD는 720만 재외동포를 포함해 전 세계를 대상으로 한류와 K-POP 등 한국문화를 알리는 전도사 역할을 하는 등 방송권역을 세계로 확대시켰다.

YTN 플러스는 YTN과 국내 최고의 인터넷 기업인 네이버(주)가 공동 출자하여 설립한 회사로 시사정보를 비롯한 교육, 과학, 문화, 연예 등 다양한 정보 콘텐츠를 빠르고 정확하게 인터넷, 모바일, 스마트폰 등 다양한 미디어를 통해 디지털 콘텐츠를 제공하고 있다.

실제로 YTN은 유튜브 채널 구독자 국내 언론사 1위를 확보하였다. YTN은 2018년 9월 말 기준 유튜브 채널 구독자 수 84만 명(업로드 동영상 37만 개)을 기록해 구독자 수 77만 명인 JTBC를 제치고 1위에 올랐다. 콘텐츠 전체 조회수는 16억 6000만여 회를 기록해 전체 조회수 6억 4000만여 회에 머무른 JTBC를 두 배 이상 앞선 수치를 보였다. JTBC의 유튜브 가입일은 2012년 2월로 YTN의 가입일 2013년 5월보다 1년 이상 빨랐다.

YTN은 뉴스를 외면하는 젊은 시청자를 확보하기 위해 기존 레거시 미디어 창구에서 벗어나 모바일, 스마트폰, 인터넷 등의 디지털 미디어 창구를 적극 활용하는 전략을 구사하고 있다.

2) tvN

(1) 버티컬 브랜드

tvN은 2006년 개국 초기부터 트렌드를 선도하는 대한민국을 대표하는 엔터테인먼트 채널로서 포지셔닝하는 데 성공하였다.

종합오락채널인 tvN은 드라마와 예능, 다큐멘터리 장르에서 버티컬 브랜드 확장전략을 채택하고 있다. tvN은 콘텐츠 제작 방송사답게 드라마와 예능 프로그램의 시리즈를 제작하여 방송사의 인지도와 주목도를 높이고 있다. tvN은 콘텐츠 제작에 있어서 브랜드 확장전략을 적절하게 활용하고 있다. 〈막돼먹은 영애씨〉는 시즌 17편까지 방송했고, '응답하라 시리즈', '꽃보다 시리즈'는 영화 속편(sequel)처럼 예능과 드라마에서 브랜드 확장전략을 추구하여 시청률을 끌어올렸다.

최근 들어선 다큐멘터리 시리즈를 제작하여 브랜드 확장전략을 추구하는 경향이 두드러진다. tvN이 2018년 10월부터 프리미엄 다큐멘터리 '시프트(SHIFT)'를 선보였다. 시프트는 미세먼지와 Z세대 등 현대인의 관심도가 높은 주제에 대해 관점의 전환을 제안하는 다큐멘터리 시리즈이다. 제작진은 급변하는 기술과 환경 속에 '미세먼지 포비아', '노모포비아(nomophobia, no mobile phobia)'[2] 등 각종 공포증이 확산되는 오늘날 사회에서 관점의 전환을 통해 현실을 직시하고, 주관을 세울 수 있는 방향을 제안하는 것이 기획의도라고 밝혔다(《연합뉴스》, 2018.10.8).

인터넷 전용으로 제작된 〈신서유기〉는 2015년 9월부터 방영한 리얼 버라이어티로 아시아 각지를 돌아다니면서 다양한 체험을 하는 프로그램이다. 〈신서유기〉는 중국의 소설『서유기』에 나오는 주인공을 바탕으로 출연진들이 게임과 퀴즈를 풀면서 웃음을 주는 웹 전용 콘텐츠이다. 네이버TV에 먼저 공개한 후 TV에

---

2 노모포비아는 휴대폰을 가지고 있지 않으면 불안해 하는 현상을 의미한다.

서 방영하는, 인터넷과 TV를 통해 프로그램을 공개하는 새로운 방식을 도입하였다. 이는 기존 콘텐츠 사업자가 MCN의 콘텐츠 포맷을 모방하여 편한 방법을 채택하고 있다. tvN은 2017년 말 〈신서유기〉의 외전 프로그램으로 〈강식당〉을 제작하였다. 〈강식당〉은 〈신서유기〉 멤버들을 등장시킨 스핀오프 성격의 프로그램이다. 메인 셰프는 강호동이고, 이수근은 주방보조와 살림꾼, 은지원은 홀 매니저 및 바리스타를 맡았다. 〈강식당〉은 〈신서유기〉 멤버들이 메뉴를 직접 개발하고 식당을 개업하는 예능 프로그램으로, 시즌1 촬영은 제주도에서 진행되었다.

(2) 콘텐츠의 유통 흐름(방향)

tvN은 CJ헬로란 MSO(Multiple System Operator, 복수 종합유선방송 사업자)를 활용하여 은평방송을 비롯해 나라, 북인천, 중앙, 금정 등 모두 23개의 SO(System Operator, 종합유선방송 사업자) 가입자 415만 명에게 오락 콘텐츠를 공급하고 있다.

또한 OTT 서비스인 티빙을 이용하여 tvN은 실시간 TV와 VOD 서비스를 제공하고 있으며 OtvN, XtvN의 자매 채널도 티빙을 통하여 프로그램을 시청할 수 있다.

tvN의 경우에는 'tvN GO'라는 애플리케이션을 만들어 젊은 층에게 콘텐츠를 유통하고 있다. tvN GO는 〈응답하라〉, 〈꽃보다〉 시리즈의 특별영상 등을 제공하며 짧은 스낵 콘텐츠를 소비하는 20~30대 시청자들을 확보하는 모바일 플랫폼으로 자리잡고 있다.

tvN은 기존의 레거시 미디어인 케이블TV를 비롯해 예능채널의 경쟁력을 앞세워 IPTV, 모바일 기기 등 뉴미디어에 다양한 방송 프로그램을 전송하고 있다. 이 밖에도 자사의 콘텐츠를 소셜미디어인 카카오TV와 페이스북에도 제공하고 있다.

CJ E&M은 tvN아시아 채널을 두고 인도네시아·싱가포르·말레이시아 등 10개국에 한국 방송 콘텐츠를 제공하고 있다.

tvN은 2009년 해외진출 전략 차원에서 홍콩, 대만, 인도네시아, 필리핀, 베트남, 캄보디아, 미얀마 등 8개국 46만 가구에 방송을 시작하였다. 채널명 'tvN아시아'는 인도네시아의 Indovision, AORA TV(위성TV)와 필리핀의 Global Destiny(케이블TV), 대만 TBC(케이블TV), 홍콩 NOW TV(IPTV) 등 다양한 플랫폼으로 송출하고 2018년 9월 현재 900만 가구까지 방송을 확대하였다(《전자신문》, 2018.9.2).

tvN은 글로벌 진출을 통해 한류의 확산에 주력하고 있다. 2015년 1월 개국한 세계 최초 해외전용 한국영화 전문 채널인 'tvN Movies'를 통해 동남아시아 한류 확산에 나서고 있다. tvN Movies는 싱가포르에서 연간 200여 편의 한국영화를 선보이고 있다. 아울러 말레이시아, 필리핀, 인도네시아, 홍콩 등에 진출하기 위해 케이블, IPTV 사업자 등 유료방송 사업자들과 접촉하고 있다. 또한 동남아시아 9개국 약 650만 가구에 송출 중인 한류 대표 채널 'tvN아시아'를 통해서도 아시아 시청자들을 위한 다양한 프로그램을 자체 제작하여 제공할 계획이다.

3) JTBC : 종편채널의 대표주자

(1) 버티컬 브랜드

JTBC는 〈소셜라이브〉, 〈소탐대실〉, 〈트리거〉라는 버티컬 브랜드를 만들어 세분화된 시청자층을 대상으로 콘텐츠에 힘을 불어넣고 있다.

먼저 페이스북 라이브 〈소셜스토리〉는 JTBC가 안착시킨 대표적인 버티컬 브랜드이다. 〈소셜라이브〉의 캐치 프레이즈는 '뉴스룸이 끝나면 시작한다.'로 JTBC에 온라인 시청자가 많다는 점에 착안한 코너였다. 〈소셜스토리〉는 한 걸음 더 들어간 이슈 분석과 취재 뒷이야기를 격식 없이 자연스럽게 풀어내는 콘셉트이다.

JTBC 〈소셜스토리〉는 2017년 8월 개설하여 페이스북 팔로어가 47만 명을 넘어섰다. 뉴스 분야에 특화된 방송이니만큼 기존에 있던 JTBC 정치부, 사회부 버티컬을 한데 묶어 JTBC 〈소셜스토리〉로 재론칭했다. 젊은 뉴스룸을 표방하며 인기를 얻고 있는 〈소셜라이브〉 코너는 디지털용 콘텐츠 중 시청자 수가 지상파에 맞먹을 정도로 압도적이다. 하지만 대부분의 버티컬 브랜드가 그렇듯 당장 큰 수익이 없고 부족한 제작인력으로 어려움을 겪고 있다(《신문과방송》, 2017년 11월호).

JTBC는 디지털 플랫폼을 통해 현장감을 살리고 뉴스에서 다루기 어려웠던 감성적인 부분을 다루면서 20~30대 젊은 층 시청자들을 유인하는 브랜드로 활용하고 있다. JTBC는 기존 방송 보도의 이미지를 고려하면서 〈트리거〉나 〈소탐대실〉과 같은 새로운 디지털 형식의 브랜드를 방송에 적용하고 있다.

실제로 JTBC 탐사보도 고발 채널인 〈트리거〉는 '진실의 방아쇠를 당겨라'라는 슬로건을 표방하며 페이스북을 활용하여 자체적으로 기획·취재한 탐사기사에 대한 영상을 제작하고 있다.

이와 함께 JTBC는 〈소탐대실〉이라는 카드뉴스 형식의 버티컬 브랜드를 만들어 콘텐츠의 외연을 넓히고 있다. 〈소탐대실〉은 '작은 탐사, 큰 결실'이라는 슬로건을 내걸고 일상생활에서의 궁금증과 작은 불편 등에 대해 카드뉴스 형식의 콘텐츠로 시민들에게 전달한다. '세상은 못 구해도 너의 일상은 구해 줄게.'라는 마음으로 일반 뉴스에서 접하기 어려운 생활 아이템을 깊이 있게 취재해서 독창적인 영역을 개척하고 있다.

실제로 〈소탐대실〉은 '학교 앞 신호등, 누가 자꾸 돌리나?', '가습기에 수돗물 쓰는 게 맞을까?', '그 많은 호텔 베개는 누가 다 베나?' 등과 같이 일상생활에서 생기는 궁금증을 사진과 도표를 통하여 쉽게 풀어서 설명하는 것이 장점이다. 제작진의 마지막 엔딩 슬로건인 '저희는 작은 일에도 최선을 다하겠습니다.'라는 다짐처럼 저널리즘 팩트 체크에 충실한 모습이다.

JTBC 버티컬 브랜드가 사실, 공정, 균형, 품위를 지키는 버티컬 브랜드로 확고하게 자리를 잡은 것은 손석희 효과의 공이 크다. JTBC는 종편채널의 대표주자로서 확고한 정체성을 구축하면서 항상 선도적인 방송사임을 강조하였다.[3] JTBC는 메인 뉴

---

3 CBS 변상욱 대기자는 JTBC 정체성에 대해 "포퓰리즘에 기반을 두고 객관성과 공정성, 균형보도(팩트 체크), 품위를 추구하려는 것처럼 보이는 방송사"라고 비판하였다.

〈표 2-2〉 JTBC의 버티컬 브랜드의 특징

	〈소셜스토리〉	〈트리거〉	〈소탐대실〉
게시일	2015년 12월	2017년 8월	2018년 1월
채널 성격	생생한 취재 뒷이야기 전달	디지털 탐사보도	일상생활에서 생기는 궁금증을 해소(생활 속 작은 탐사)
시청 타깃	30~40대 진보층	20대를 위한 젊은 탐사 채널	합리적 소비, 상식을 지향하는 소비자
콘텐츠 유통	페이스북 전용, 유튜브 JTBC 뉴스 계정 활용	페이스북 전용	페이스북 전용, 유튜브 JTBC 뉴스 계정 활용
대표 콘텐츠	• 위안부 비하 교수사건 • 싼타페 급발진 의혹	• 알바생들이 몰라서 받지 못하는 돈이 있다?	• 가습기에 수돗물을 쓰는 게 맞을까? • 립스틱, 교묘한 용량 뻥튀기

스 〈JTBC 뉴스룸〉으로 신뢰도 1위를 기록했으며, 시사예능 〈썰전〉을 처음으로 시도했고, 종편 최초 A매치 축구경기 생중계 (2012)를 실시했으며, 최초로 최순실 태블릿 PC를 보도하여 박근혜 전 대통령을 탄핵에 이르게 하였다. 더욱이 JTBC가 박근혜 탄핵정국과 최순실 게이트로 특종보도를 하면서 시청자에게 사실, 공정, 균형 보도라는 신뢰성을 구축하면서 기존 지상파 3사를 제치고 한국 방송계의 리더로서 아이덴티티를 정립하여 브랜드를 강화시켜 나가고 있다.

(2) 콘텐츠의 유통 흐름(방향)

JTBC는 2013년 하반기부터 방송사 가운데 최초로 포털사이트 네이버와 다음에 메인 뉴스를 생중계하였다. 실시간 TV 시청률이 떨어질 수 있는데도 감수하고 감행한 모험이었다. 박근혜 탄핵소추안이 국회를 통과한 2016년 12월 한 달간 〈뉴스룸〉의 온라인 시청자 수는 자사 홈페이지, 포털사이트, 유튜브, 팟캐스트 합계 2964만 명으로 나타났다.

2016년 4월 총선에서 페이스북과 협업에 나섰고 유튜브 플랫폼을 적극 활용하였다. 뉴스 이용자들은 페이스북, 유튜브, 포털을 통해 JTBC의 공정, 품위, 균형 등 일관된 정체성을 수용하였다. JTBC는 레거시 미디어인 방송과 뉴미디어로서의 소셜네트워크를 동시에 활용함으로써 브랜드의 핵심자산인 '신뢰성'을 확보하고 종편채널의 대표주자로서의 브랜드 이미지를 확고히 하고 있다.

JTBC가 국내 방송사 최초로 유튜브를 통한 '24시간 라이브 뉴스'를 기획했으나, 내실을 기하는 방향으로 선회하였다. JTBC는 메인 뉴스인 〈뉴스룸〉을 비롯해 〈정치부회의〉, 〈사건반장〉 등 5개 보도 프로그램을 유튜브를 통해 내보내 왔다. 여기서 더 나아가 보도 프로그램이 편성되지 않은 시간대에도 젊은 디지털 세대를 타깃으로 하는 라이브를 지향하는 다양한 형식의 뉴스 콘텐츠를 유통시키기로 하였다. JTBC는 24시간 라이브 서비스만으로 충분한 수익성이 나오지 않기 때문에 지속가능한 수익 기반을 확충하면서 동시에 보도 영향력을 강화해야 한다는 균형점을 찾아가려고 한다고 밝혔다.

이에 회사측은 포스트 TV뉴스를 표방해 사람들이 관심 있을 만한 디지털 오리지널 콘텐츠를 단계적으로 확충하기로 했다고 밝혔다.

온라인 브랜드의 확장 및
글로벌 플랫폼의 침투

온라인 브랜드의 확장 및 글로벌 플랫폼의 침투

1. 온라인 브랜드의 확장 : OTT

인터넷망을 연결한 OTT 서비스와 IPTV가 모바일 플랫폼을 확장하면서 유료방송시장의 강자로 부상하고 있다. 인터넷을 할 때 쓰는 랜(LAN) 케이블로 연결된 세상을 살아가는 랜선 라이프에게 OTT와 IPTV 서비스는 새로운 변화의 기회이다. 여기서는 온라인 동영상 서비스인 OTT 업체가 콘텐츠를 제공하는 현황과 특징에 대해 살펴보기로 한다.

우리나라의 OTT 서비스는 2010년 11월 케이블 MSO인 CJ헬로비전이 티빙의 모바일 버전을 출시하면서 시작되었다. 이후 여러 사업자가 뛰어들어 국내 OTT 서비스는 제공 주체의 성격에 따라 지상파방송 계열, IPTV 계열, 케이블 SO 계열, 독립 플랫폼 사업자 계열로 구분된다(김영석 외, 2015).

첫 번째 사업자군은 지상파방송이다. 지상파방송은 유료방송 계열 뉴미디어의 도전과 기존 방송광고 매출의 정체로 인한 어려움을 극복하고자 OTT 서비스에 나섰다.

지상파의 OTT 서비스로는 MBC와 SBS가 2011년 10월부터 합작하여 만든 '푹(Pooq)'이라는 브랜드가 있는데, 푹은 지상파 연합 플랫폼을 구성하여 서비스를 제공하고 있다.

두 번째 사업자군은 IPTV 사업자로 통신사업자가 회사별로 OTT 서비스를 통해 모바일 방송 서비스를 제공하고 있다. KT의 olleh TV now(OTN, N스크린 모바일 애플리케이션), SK브로드밴드의 Btv 모바일, LG유플러스의 U⁺tv가 IPTV의 OTT 서비스 상품이다. 이 사업자들은 기존 유료방송 가입자를 기반으로 하여 OTT 서비스를 독립적으로 제공하고 있으며, 초고속 인터넷, 이동전화 등을 결합한 상품을 제공하는 전략을 적극적으로 구사하고 있다.

KT는 2010년 12월 모든 브랜드를 'olleh'로 통합하였다. IPTV 서비스인 '쿡TV'도 'olleh tv'로 변경되었다. SK브로드밴드는 '브로드앤(broad&)'에서 B를 강조한 IPTV 브랜드 'Btv'를 강조하고 있으며, LG유플러스도 myLGtv에서 'U⁺tv'로 브랜드 이름을 변경하였다.

세 번째 사업자군은 케이블 MSO인 CJ헬로비전(현 CJ ENM)의 '티빙(Tving)'과 현대HCN의 '에브리온TV'를 들 수 있다. CJ헬로비전의 '티빙'은 2010년 11월부터 자체 애플리케이션을 스마트폰 등 모바일 단말기, PC, TV 등에 제공하기 시작하였다.

후발주자인 현대HCN의 '에브리온TV'는 2012년 5월부터 N스크린 서비스를 제공하고 있으며, 200개가 넘는 무료 실시간 채널과 VOD 서비스로 영화, 성인 채널 등을 확보하고, 다양한 콘텐츠 확보를 위해 판도라TV와 제휴하는 등 다각적으로 노력하고 있다.

그외의 OTT 서비스 제공자로는 '옥수수(oksusu)'가 있다. 2016년 SK브로드밴드는 Btv 모바일과 호핀(VOD 서비스 제공)을 통합한 새로운 모바일 영상 플랫폼 '옥수수'를 선보였다. 2018년 상반기까지 옥수수 가입자는 914만 명, 월 순방문자는 626만 명을 기록하였다. 모바일 동영상 플랫폼 '옥수수'가 2016년 1월 서비스를 시작하면서 스포츠 콘텐츠와 개인 맞춤형 서비스 확대를 통한 차세대 미디어 플랫폼으로의 변신을 꾀하고 있다.

〈표 3-1〉은 국내 OTT 서비스의 진출현황을 요약한 것이다.

〈표 3-1〉 국내 OTT 서비스 진출현황

서비스명	업체명	주요 특징	기 타
푹	콘텐츠 연합 플랫폼	• 지상파방송 동시 시청 • 영화 및 다양한 콘텐츠 제공 • 광고 없는 콘텐츠 제공 • PC, 모바일뿐 아니라 스마트 TV, 크롬캐스트 등 다양한 사업자와 제휴 • 이어보기 및 큐레이션 기능 제공	국내 OTT 중 유일하게 지상파 동시 시청 가능
티빙	CJ ENM	• Mnet, tvN 등 CJ의 드라마 및 예능 프로그램 서비스	CJ 자체 제작 프로그램 서비스
옥수수	SK브로드밴드	• 풍부한 콘텐츠와 개인 맞춤화된 서비스를 제공 • 116개의 실시간 방송 채널과 17만 편의 영화, 드라마 VOD 제공 • 국내 최고의 스포츠 모바일 동영상 서비스(프로야구, EPL 중계)	젊은이가 선호하는 오리지널 콘텐츠를 제공(웹드라마, 웹예능 등)
에브리온 TV	현대HCN	• 무료 실시간 TV 서비스 • 종합편성채널, 보도채널, 스포츠 중계 전용 채널 등 200여 개 채널 서비스 • MCN 채널	비회원 기반 무료 실시간 TV 서비스

1) 푹

(1) 브랜드 관리 현황

푹(pooq)은 지상파 방송사들이 2012년부터 직접 서비스하여 주로 국내 방송국 콘텐츠를 제공한다. 지상파, 종합편성, 케이블 등 70여 개 채널의 콘텐츠를 보유하고 있다.

푹은 프리미엄 콘텐츠 포털을 표방하며 다양하고 끊임없이 즐거움을 주는 혁신적인 OTT 플랫폼으로 포지셔닝하고 있다. 푹은 1음절 의태어가 주는 청각적 독특성과 글자 배열상 'po'와 'oq' 좌우대칭으로 시각적인 즐거움을 제공하고 있다. 슬로건은 '무한 재미에 푹'으로 설정하였다. 푹TV 브랜드 정체성은 무한한 즐거움과 재미를 '무한대(infinity)'의 형상을 통해 시각화하고 다채로운 컬러를 활용하여 역동적이고 확장된 느낌을 전달하는 혁신적인 OTT 플랫폼을 상징하고 있다.

현재 유료 가입자 70만 명을 돌파하며 충성도 높은 유료회원을 기반으로 하고 있다. 특히, 국내 OTT는 지상파 콘텐츠 소비가 중심이라는 특성에서 푹은 큰 장점을 가지고 있으며, 국내에서 이용시간이 가장 긴 OTT로 평가되고 있다. 주로 국내 지상파 드라마와 예능을 시청한다면 푹을 사용하는 것이 좋다.

그러나 푹은 지상파 콘텐츠를 모바일과 온라인에서 유통시키는 제2의 창구로 기능하면서 상상력이 부족한 채널로 각인되는 한계를 드러내고 있다.

(2) 콘텐츠의 유통 확대

푹은 KBS, MBC, SBS 등 지상파방송 3사를 중심으로 EBS, 종편, 지상파 계열 채널, 보도 전문 채널 등이 모인 국내 콘텐츠 연합 플랫폼이다. 가장 큰 장점은 업로드 속도가 빠르다는 점이다. 방송 시작 후 10분 안에 업로드되기 때문에 실시간 TV처럼 시청할 수 있다. 업로드 시간을 기다리지 않아도 되는 편리함을 제공한다.

푹은 자체 경쟁력을 갖추고 유료 가입자 확보를 위하여 오리지널 드라마를 제작하기 시작하였다. 자체 플랫폼, 제작사(컨버전스TV), 방송사(KBS) 합작 프로젝트를 진행하여 20분 이내 분량으로 드라마를 선보였다. 첫 오리지널 드라마 〈넘버식스〉를 2018년 12월 공개하였다. 〈넘버식스〉는 '6개의 사랑, 6개의 욕망'이라는 부제에서 알 수 있듯 서로 다른 비밀을 가진 여섯 친구들의 이야기를 그린 파격 멜로 드라마이다 (《노컷뉴스》, 2018.12.21). 이 작품은 첫 방영 이후 2주 만에 누적시청자 수 11만 명을 기록하였다. 또한 지상파 매체 특성에 맞게 재편집되어 2019년

[그림 3-1] 푹 오리지널 드라마 〈넘버식스〉
(사진=컨버전스TV 제공)

4월 말 KBS 2TV에서 방송되었다.

푹도 〈범인은 바로 너!〉, 〈YG전자〉 등을 발표한 넷플릭스처럼 오리지널 드라마 제작을 통하여 독점 콘텐츠 확보와 자체 사이트에 오래 머물도록 하는 전략을 사용하고 있다.

푹 관계자는 "반드시 푹에서만 볼 수 있는 콘텐츠로 유료가입자들에게 새로운 재미와 가치를 줄 수 있을 것으로 기대를 갖고 있다."며 "방송사, 온라인 플랫폼, 외주제작사 3자가 합작해 디지털 환경에서 여러 가지 실험을 하여 가장 적합한 콘텐츠를 만들고자 노력하고 있다."고 밝혔다.

2) 티빙

(1) 브랜드 관리 현황

티빙(Tving)은 CJ ENM의 오락채널인 tvN 브랜드의 카테고리 확장으로 OTT라는 신규제품 라인에 기존 케이블 채널인 tvN 브랜드를 사용하여 '티빙'이라는 간결하고 절제된 느낌의 브랜드 이름을 명명하였다.

CJ E&M 채널 이미지와도 통일성이 있다는 티빙은 CJ ENM 공식 디지털 플랫폼으로 200여 개의 라이브 채널과 5만여 편의 VOD를 보유하고 있다. 주로 CJ의 드라마와 예능 프로그램을 서비스하는 OTT로 변모하였다. 서비스는 tvN, Mnet, OCN 등 CJ의 모든 채널의 실시간 TV와 방송 VOD를 무제한으로 시청할 수 있으며, 국내외 영화와 독립영화 등을 서비스하고 있다.

티빙의 주 이용자가 20~49세 젊은 층이니만큼 프리미엄 콘텐츠를 기반으로 모바일 사용편의성과 커머스가 결합된 마케팅을 강화하고 있다.

티빙은 CJ ENM 채널 이외에도 종합편성 등의 여러 채널을 시청할 수 있으며, 실시간 TV 방송시청도 가능하다. CJ ENM 은 2018년 10월 티빙 월 이용자 수가 734만 명으로 2017년 10월 (333만 명)보다 2.2배 증가했고, 시청시간도 같은 기간 149% 늘었다고 밝혔다. 신규 앱 다운로드 건수는 55만 건을 돌파했으며 유료회원 수는 전년 대비 56% 증가하였다.

티빙 이용자 중 20~49세대 비중은 90.8%에 달하였다. 그중 70%가 여성이다. 여성 시청자의 비중이 높은 것은 티빙이 〈미스터 선샤인〉, 〈아는 와이프〉, 〈백일의 낭군님〉 등 젊은 여성들에게 인기 있는 콘텐츠를 보유하고 있기 때문이라고 풀이된다.

티빙은 이용자들의 콘텐츠 소비경험을 확대하기 위해 굿즈(기념품) 판매 등 콘텐츠 커머스 기능을 강화하고 있다. 투니버스 〈기억, 하리〉(신비아파트 외전)의 굿즈는 오픈 10분 만에 매진되었고, 〈신서유기 5〉 휴대전화 케이스도 1차 오픈 당일 매진, 2차 오픈 2시간 만에 매진을 기록하였다. 이 밖에도 '프로듀스 101 시리즈', '신서유기 시리즈', '윤식당 시리즈' 등 10대 인기 콘텐츠의 지적재산권을 활용한 상품을 티빙몰에 선보이며 큰 인기를 끌고 있다.

(2) 콘텐츠의 유통 확대

티빙은 푹이 제공하지 않는 CJ ENM 채널의 서비스를 제공한다. 엠넷, CGV, XTM, tvN 등 케이블을 대표하는 수많은 채널을 보유하고 있다. 〈도깨비〉, 〈미생〉, 〈시그널〉 등 신선한 소재로 큰 화제성을 불러일으킨 드라마와 〈신서유기〉, 〈꽃보다 청춘〉, 〈더 지니어스〉 등 지상파에서 볼 수 없는 CJ ENM 채널만의 예능 프로그램을 보유하고 있다.

하지만 지상파의 실시간 방송과 VOD가 서비스되지 않는다는 점에서 성장세가 둔화되고 있다. 이와 관련 CJ ENM은 실시간 TV 무료화, 채널 추가 등을 통하여 새로운 돌파구를 찾고 있다.

티빙은 2017년 1월 실시간 TV 무료화, 2월 보도채널 추가, 5월 프로야구 무료 생중계, 6월 무제한 영화 VOD 서비스를 제공하였다. 2018년에는 1월 종합편성채널 추가, 3월 티빙 키즈 추가, 6월 글로벌 티빙 론칭 등 사업영역을 점점 확장하고 있다.

CJ ENM이 2018년 6월 전 세계 어디서든 실시간으로 자사의 콘텐츠를 시청할 수 있는 OTT 서비스 '글로벌 티빙'을 시작하였다.

'글로벌 티빙'은 한·중·일 3국을 제외한 전 세계에서 PC·모바일·안드로이드 앱·iOS 앱을 통해 접속할 수 있는 서비스로, 콘텐츠 유통시차 및 일회적 콘텐츠 판매에 따른 사업효과 약화 등을 극복하기 위한 '콘텐츠와 플랫폼 융합 프로젝트'이다. 글로벌 티빙은 기존의 해외 콘텐츠 유통 프로세스에 따른 한계를 넘어 전 세계 시장을 타깃으로 콘텐츠와 플랫폼을 융합한 전략을 발굴할 수 있는 새로운 글로벌 OTT 유통 모델을 수립할 수 있는 계기가 될 것으로 기대된다(《브릿지경제》, 2018.6.14).

3) 옥수수

(1) 브랜드 관리 현황

옥수수(oksusu)는 2016년 1월 기존의 Btv 모바일과 호핀을 하나로 통합한 SK브로드밴드만의 모바일 동영상 플랫폼이다. 풍부한 콘텐츠와 개인 맞춤화된 서비스를 제공해 2018년 가입자 수가 1100만 명을 돌파하였다. 즉, 옥수수는 SK브로드밴드가 운영하는 국내 최대 모바일 No.1 동영상 서비스 브랜드이다. 옥수수처럼 한 알 한 알 색다른 즐거움을 주는 동영상 서비스를 표방하며, 주로 지상파, CJ E&M, 종편채널 등의 콘텐츠를 보유하고 있으며 실시간 TV 서비스도 제공하고 있다. 옥수수의 주요 타깃은 10~30대의 젊은 층이다.

옥수수는 10~20대 젊은이들이 선호하는 오리지널 콘텐츠를 제공한다. 웹드라마, 웹예능 등 옥수수에서만 독점 제공해 다른 OTT 서비스와 차별화를 하고 있다. 옥수수는 SM엔터테인먼트와 협업하여 10~20대 시청자들이 볼 만한 콘텐츠를 발굴하는 데 주력하였다. 오리지널 콘텐츠로는 〈나는 길에서 연예인을 주웠다〉, 〈성덕LIVE〉, 〈매번 이별하지만 우린 다시 사랑한다〉 등이 인기를 끌었다. 2017년 12월 공개한 오리지널 드라마 〈회사를 관두는 최고의 순간〉은 2030 모바일 세대에게 큰 반향을 불러일으켰다. 〈회사를 관두는 최고의 순간〉은 2030 취업준비생과 사회 초년생들에게 공감을 일으킬 만한 소재로 2018년 방송통신위원회 방송대상 시상식에서 웹 콘텐츠 부문 우수상을 받았다. 옥수수는 드라마, 예능, 모바일 무비 등 모바일에서 시도해 볼 수 있는 다양한 장르를 개척하면서 밀레니얼 세대에게 최적화된 새로운 생태계를 만들어 가고 있다.

옥수수는 국내 통신사 SK브로드밴드의 OTT 서비스로 특정 SKT 요금제를 사용하는 고객에게 무료 서비스를 제공하고 있다. 주로 기존 방송 프로그램을 다시보기로 제공하는 푹, 티빙과 달리 옥수수는 오리지널 콘텐츠를 제공하기 때문에 가입자 확보에 장점이 있다.

(2) 콘텐츠의 유통 확대

옥수수는 116개의 실시간 방송 채널과 17만 편의 영화, 드라마 VOD를 보유하고 있다. 옥수수는 축구와 야구 등 스포츠 이벤트 중계를 통해 차별화된 서비스와 마케팅으로 국내 최고의 스포츠 모바일 동영상 서비스로 성장하였다. 국내 프로야구는 물론 EPL, KLPGA, UFC 등 국내 최다 수준인 33개 스포츠 종목을 제공하고 있다.

옥수수의 경우 방송클립, MCN, 자체 제작 및 독점 콘텐츠 확보에 주력하면서 시장에서 주목받고 있다. 대표적인 작품으로는 〈국화수〉, 〈마녀를 부탁해〉, 〈72초 데스크〉, 〈영화당〉 등이 있다. 모바일 콘텐츠의 특성상 제작비가 기존 방송매체보다 적은 점, 기존 콘텐츠를 사용할 수 있다는 점 등이 큰 장점이다. 아울러 이러한 제작투자는 통신사를 기반으로 한 새로운 플랫폼이라는 점에서도 긍정적으로 평가받고 있다. 이 밖에 옥수수는 푹이나 티빙과 달리 스포츠 콘텐츠에 대한 집중도가 높다.

옥수수는 2018년 10월 '뮤직관', '뮤직 오리지널' 등 음악 관련 서비스를 시작하여 음악 콘텐츠를 즐기는 '보는 음악'에 가치를 두고 콘텐츠 범위를 확대하였다. 콘텐츠 협업으로 제작되는 오리지널 음악 예능 〈아이돌 라이브 퀴즈쇼 덕계왕〉은 아이돌이 메인 출연진으로 활약하는 프로그램이니만큼 멤버별 아이돌 직캠 기능을 적용하여 팬덤을 확산시켜 나가고 있다.

4) 푹-옥수수 통합 브랜드

(1) 브랜드 관리 현황

SK텔레콤의 OTT인 '옥수수'와 지상파 미디어 플랫폼인 '푹'이 2019년 1월 통합되었다. LG유플러스와 제휴를 맺고 국내 미디어 시장공략을 본격화하고 있는 넷플릭스에 대항마 역할을 할 것으로 보인다.

SK텔레콤은 '푹과 옥수수' OTT 통합법인 설립을 위한 기업결합 신청을 공정거래위원회에 제출하여 심사가 완료되면 2019년 7월 통합법인을 출범할 것으로 예상된다. 2019년 9월 전후로 회원 통합 등 본격적인 서비스가 시작된다. 통합법인은 지상파의 제작력과 SK텔레콤의 자본, 통신기술을 더해 한국판 넷플릭스로 키우겠다는 포부를 밝혔다.

통합 OTT 서비스가 출범하면 '푹' 가입자 370만 명과 '옥수수' 가입자 950만 명 등 1300만 명이 넘는 새로운 플랫폼이 탄생하여 지상파와 SK텔레콤이 만든 다양한 콘텐츠를 시청할 수 있게 된다. 정체기에 접어든 푹은 가입자 확보에 유리하고, 콘텐츠가 부족한 옥수수는 지상파의 막강한 콘텐츠를 확보할 수 있어 양

측이 모두 원원 하는 결과를 가져왔다.

이에 따라 통합법인은 방송 3사가 보유한 콘텐츠 제작역량을 바탕으로 오리지널 콘텐츠를 제작하고, 옥수수는 인공지능을 통한 추천 서비스 고도화 등으로 고객들에게 맞춤형 콘텐츠를 제공할 것으로 예상된다. 10~20대 시청자에게 모바일에 최적화된 오리지널 콘텐츠를 제공하고, 30대 이상 성인들은 〈무한도전〉, 〈1박 2일〉 등의 TV 콘텐츠를 편성하여 강력한 브랜드 시너지가 형성될 것으로 보인다.

또한 토종 OTT 통합법인은 글로벌 파트너와의 제휴를 통해 한류 확산과 K 콘텐츠의 글로벌 시장 진출을 위한 교두보 역할을 수행할 방침이다. 특히, 동남아시아 시장을 중심으로 해외시장에 진출해 통합법인을 경쟁력 있는 글로벌 OTT로 육성하기로 하였다. 통합법인은 외부에서 2000억 원 규모의 투자를 유치해 자체 콘텐츠를 제작하여 서비스를 진행할 계획이다.

이번 합병으로 지상파 측은 SK텔레콤의 풍부한 자금력을, SK텔레콤은 지상파 콘텐츠를 확보해 동남아시아 등 전 세계에 경쟁력 있는 한류 콘텐츠를 전파하는 토대가 만들어질 것으로 기대하고 있다. 따라서 통합법인을 아시아의 넷플릭스, 더 나아가 글로벌 시장에서 경쟁하는 토종 OTT의 대표주자로 키워 K 콘텐츠의 해외진출을 선도하고 국내 미디어 생태계를 활성화시킬 것이다.

결국 옥수수-푹 통합법인은 아시아 시장을 겨냥한 자본과 제작능력의 결합으로 동양적 감수성을 담은 한류 콘텐츠로 승부를 보는 브랜드 포지셔닝 전략이 유효할 것으로 보인다.

(2) 콘텐츠의 유통 확대

풍-옥수수 통합 브랜드는 아시아 시장 공략을 발판삼아 한류 콘텐츠를 전 세계에 확산하는 유통전략이 필요하다.

넷플릭스는 제작된 지 오래된 해외 영화나 드라마 콘텐츠를 제공하고 있기 때문에 폭-옥수수 통합 브랜드는 최신의 국산 콘텐츠를 유통할 수 있다는 장점이 있다. 거기에다 아시아는 정치, 경제, 문화적 환경의 동질성에 따라 특정 국가의 문화가 유행을 주도하는 경향을 보이는데다, 한류 콘텐츠도 아시아 배후 지역에 진출하여 콘텐츠 유통에 유리한 교두보를 마련할 수 있다. 아시아권에서 한국은 아시아 고유 콘텐츠를 공급할 수 있는 대표적인 국가이다. 한국 드라마와 K-POP은 글로벌 시장에서 가치를 인정받고 있다. 최근에는 〈태양의 후예〉를 통해 로컬 OTT 가입자 동원력(중국 아이치이)도 보여 줬다. 또한 동남아시아 지역의 로컬 경쟁 OTT 서비스(Hooq, iFlix)와 이 지역들에 한국이 미치는 문화적 파급력을 고려하면 OTT는 파괴력이 있을 수 있다. 통합법인은 동남아 현지 콘텐츠 사업자와 공동 제작 기회를 만들어 가야 할 것이다. 베트남, 태국 등 한류 콘텐츠 수요 국가를 중심으로 공동제작이나 공동법인을 설립하는 형태로 상호협력이 필요하다. 한국 배우나 아이돌이 출연하는 현지화된 드라마, 예능물을 제작하여 한류 콘텐츠의 저작권을 분배하고 현지에 공격적으로 유통하는 구조가 바람직하다.

토종 OTT가 아시아 시장에서 웹드라마, 웹예능, 웹애니메이션, 뮤직비디오 등 한류 콘텐츠로 승부를 걸고, 넷플릭스처럼 8조 원 이상의 콘텐츠 제작비를 투자할 여력이 없는 만큼 중급 규모의 제작비용으로 효율적인 콘텐츠 제작에 나설 수 있을 것으로 예상된다.

통합법인은 지상파의 제작 노하우와 SK의 자본을 결합하여 '아시아를 교두보로 세계로 진출한다'라는 슬로건으로 경쟁력 있는 한류 콘텐츠를 전파하는 토대를 조속히 구축해야 한다.

2. 글로벌 플랫폼 브랜드 : 유튜브, 넷플릭스

유튜브와 넷플릭스는 OTT를 제공하는 글로벌 플랫폼 사업자이다. 유튜브가 동영상 공유로 개인 미디어 시장을 개척했다면 넷플릭스는 영화, 드라마처럼 인기 있는 콘텐츠를 내세워 글로벌 미디어 시장을 공략하고 있다. 특히, 넷플릭스는 아시아로 확장하기 시작한 시점에 아시아권 가입자 유치를 위하여 우리나라 콘텐츠 방영권을 매입한 데에는 이런 이유도 있다고 해석할 수 있다. 유튜브라는 플랫폼은 미디어 이용시간 관점에서 검색 채널로서 소비자들의 일상생활에서 필수적인 채널이 되어 가고 있고, 넷플릭스는 방송유통 관점에서 오리지널 콘텐츠로 방송사와 영화관을 위협하고 있다. 넷플릭스가 전문가들이 제작하는 동영상 콘텐츠를 제공하고, TV 스크린을 지향하고 있는 것에 반해 유튜브는 아마추어들이 제작한 UCC 콘텐츠를 온라인으로 유통하고 있다.

넷플릭스와 유튜브는 경쟁력 확보의 접근방식에 차이가 있다. 넷플릭스가 글로벌 콘텐츠 투자를 통하여 가입자를 확대하여 프리미엄 비디오 브랜드를 구축하였다. 반면, 유튜브는 프로와 아마추어 등 다양한 크리에이터를 빠른 속도로 미디어 생태계 안에 끌어들인 뒤 오리지널 프리미엄 콘텐츠를 확충하는 전략을 선택하였다.

앞으로 글로벌 OTT 서비스인 유튜브와 넷플릭스는 기존 텔레비전 중심의 채널에 변화를 가져올 것이며, 지상파TV와 케이블TV의 대체재로 기존 레거시 미디어 시장을 위협할 가능성이 매우 높다.

1) 유튜브 : 세계 최대 동영상 공유 플랫폼

⑴ 브랜드 관리 현황

세계 최대 동영상 공유 플랫폼 유튜브의 브랜드 가치는 180억 달러로 평가되었다. IT 매체 심플리제스티닷컴은 2012년 3월 스위스 응용과학 분야 명문대학 HWZ 소셜미디어관리연구소와 전문업체 BV4가 공동 수행한 연구자료를 인용해 이같이 보도했다. 이 자료에 따르면, 소셜미디어 브랜드 시장에서 페이스북이 291억 1500만 달러로 가장 높은 가치를 인정받았으며, 그뒤를 이어 유튜브가 180억 900만 달러, 트위터가 133억 900만 달러를 기록하였다(《아이뉴스24》, 2012.3.12).

유튜브는 넷플릭스, 아마존 프라임 비디오, 훌루 등의 유료 구독형 비디오 서비스와 다른 포지셔닝을 가지고 있다. 기본적으로 유튜브는 무료 기반의 세계 최대 동영상 공유 플랫폼이다. 매 1분마다 적게는 300시간 이상에서 많게는 500시간 이상의 새로운 동영상이 올라오기 때문에 콘텐츠 카탈로그 경쟁력에서는 비교할 대상을 찾기 어렵다. 누구나 영상을 올릴 수 있기 때문에 저품질의 콘텐츠도 많지만, 2007년부터 유튜브 파트너 프로그램을 통해 유튜브가 광고를 붙여 주고 수익을 배분하는 모델을 10여 년간 운영하면서 이제는 유튜브 동영상 제작을 전문적으로 하는 크리에이터 생태계를 만들어 냈다. 이들을 규합해서 광고주를 연결하고 전문적으로 지원, 관리하는 MCN(Multi Channel Network) 회사들이 속속 등장할 정도로 발전하였다(이영호, 2018, 59쪽).

온라인 동영상 플랫폼인 유튜브는 시공간의 제약을 쉽게 넘나드는 특유의 매력으로 무료함과 쓸쓸함을 달래 주는 최고의 친구가 되었다. 이런 점에서 유튜브는 취향이 비슷한 사람과 소통하는 매체로 구독자들끼리 유튜브 콘텐츠와 채널을 같이 보거나 채팅을 하며 함께한다.

유튜브는 우리가 동영상을 보는 것과 공유하는 것은 물론 포스팅하는 것을 토대로 계속 진화하고 있다. 이렇듯 유튜브는 자신이 제공하는 제품보다 거기에 참여하는 사람들에 의해 평가(구독, 댓글, 좋아요)를 받는 세상에 몇 안 되는 브랜드 중 하나이다. 누구나 비디오를 만들 수 있고 볼 수 있게 되면서, 각종 아이디어를 모든 사람에게 배분할 수 있다거나 창의력이 전파되는 것을 제약하는 규정이 필요 없기 때문이다.

유튜브의 사명은 평범한 사람들이 자신의 목소리를 낼 수 있게 돕고 더 큰 세상과 만나게 하는 것이다. 즉, 유튜브는 자신만의 브랜드를 만들 수 있는 최적의 플랫폼이다.

유튜브라는 브랜드 가치는 누구나 자유롭게 목소리를 내면서 의견을 나누고 공유하는 '자유'에 있다. 유튜브를 규정하는 가치는 '표현의 자유, 정보의 자유, 기회의 자유, 소속의 자유'의 4가지 자유로 집약할 수 있다(유튜브 홈페이지 참조).

표현의 자유는 누구나 자유롭게 목소리를 내면서 의견을 나누고 열린 대화를 추구해야 하는 것이다. 정보의 자유는 누구든지 정보에 공개적으로 손쉽게 접근할 수 있고 동영상이 전 세계 사건을 기록하는 강력한 수단이 될 수 있는 것이다. 기회의 자유는 누구나 자신을 알리고 나름의 방식으로 일하면서 성공할 기회가 주어져야 하며, 특정한 감시자가 아닌 모두가 여론을 결정해야 한다는 것이다. 마지막으로 소속의 자유는 누구든지 장벽을 허물고 경계를 넘어 공통의 관심사와 열정으로 하나가 되는 커뮤니티를 찾을 수 있어야 한다는 것이다.

이런 자유의 가치를 실현하기 위하여 유튜브는 사용자가 보다 적극적으로 영상을 제작해 공유할 수 있도록 파트너 프로그램을 시행하고 있고, 크리에이터가 직접 제작한 콘텐츠로 수익을 창출할 수 있는 모델을 도입하고 있다. 유튜브의 성장은 스마트폰의 보급과 함께 소비자들의 미디어 소비 패턴의 변화를 가져왔으며, 소셜미디어의 특성으로 인하여 특정 동영상이 전 세계적으로 확산되면서 '싸이'와 같은 유튜브 스타가 등장하는 데 큰 영향을 끼쳤다.

유튜브라는 브랜드에는 참여적이고 실험적인 정신이 담겨 있다. 즉, 유튜브의 B급 문화는 실험정신이고 주체적 자기 세계라고 말할 수 있다. 1인 방송 콘텐츠에는 외모, 진실성, 재미 등 독

〈표 3-2〉 유튜브의 브랜드 전략

	내 용	비 고
브랜드 포지셔닝	온라인 시대의 TV	오리지널 콘텐츠 확충전략
브랜드 개성	자유, 개방성, 참여 및 실험정신	표현의 자유, 정보의 자유, 기회의 자유, 소속의 자유
플랫폼 특성	아마추어들이 제작한 UCC를 유통하는 'Small Screen' 추구	
시청 타깃	1980~2000년생 밀레니얼 세대	핵심 타깃 : 12~15세 청소년 집단
대표 콘텐츠	• 〈강남스타일〉: 최초 10억 뷰 돌파 • 루이스 폰시 〈Despacito〉: 최초 30억 뷰	

특한 무엇인가가 있다. 대표적으로 싸이의 강남스타일 신드롬을 만들어 낸 이유가 거기에 있다. 〈강남스타일〉은 2012년 12월 유튜브 조회수가 사상 처음으로 10억 뷰를 넘어서는 저력을 과시하였다.

현재 유튜브는 '온라인 시대의 TV'로 포지셔닝을 진행하고 있다. 구글이 유튜브의 이른바 '오리지널 프리미엄 콘텐츠' 확충 전략으로 경쟁력을 강화하기 위하여 막대한 수준의 자금공세를 추진하고 있다. 유튜브는 2011년부터 채널 개념을 도입하여 기존 TV 방송에 나와도 손색이 없을 만한 장편의 프리미엄 콘텐츠를 확보하여 플랫폼의 품격을 높이는 전략을 구사하고 있다. 이런 기대에 부응하여 유튜브는 오리지널 콘텐츠 제작을 위하여 할리우드 영화감독부터 코미디언, 래퍼, 요리사에 이르기까지 다양한 분야의 파트너를 영입하여 콘텐츠 고급화를 추진하고 있다.

(2) 콘텐츠의 유통 확대

유튜브는 매월 방문자 수가 19억 명이고, 1분당 400시간 이상의 분량이 업로드되고 있으며, 매일 3000만 명의 방문자가 50억 개에 달하는 동영상을 시청하고 있다. 전 세계 유튜브 이용자들의 하루 동영상 시청시간은 10억 시간 정도 된다.

유튜브 사용시간이 네이버, 페이스북, 카카오톡 사용시간을 넘어섰다. 실제로 한국인의 유튜브 사용시간은 월 257억 분으로 네이버의 2배에 달하는 것으로 조사되었다. '밀레니얼 세대(1980년부터 2000년까지 출생자)', 더 좁게는 'Z세대(1995년 이후 출생자)'라 불리는 20대나 '알파 세대'라 불리는 10대들의 유튜브 사용시간은 다른 세대에 비해 월등히 높다. 특히 12~15세의 경우는 '유튜브'가 가장 잘 알려진 브랜드이자 가장 자주 이용하는 콘텐츠 플랫폼인 것으로 나타났다. 텍스트보다 영상이 더 익숙한 세대의 특징을 반영한 결과인데, 유튜브 인기 동영상 평균길이는 2분 54초이고, 20대가 선호하는 동영상 길이는 43초이다(김정구 외, 2018, 60쪽).

유튜브 유저들은 스마트폰과 태블릿으로 게임을 즐기면서 노래를 들으면서 밥을 먹으면서 유튜브를 본다. 유튜브는 멀티디바이스 시대에 습관적으로 틀어놓는 TV처럼 '스몰 스크린(Small Screen)'[1] 역할을 한다. 반면, 넷플릭스는 모든 환경을 완벽하게 갖춘 상태에서 하이퀄리티 콘텐츠를 보는 '빅 스크린(Big Screen)'

---

1 유튜브는 주로 태블릿과 스마트폰으로 보면서 습관적으로 틀어놓는 TV처럼 백그라운드에서 돌아가는 저관여 콘텐츠이다.

이다. 1인 유튜브 크리에이터가 넷플릭스나 HBO처럼 대자본을 들인 콘텐츠의 웅장함과 완벽함에 도전해서 살아남을 가능성은 없다. 대신 유튜브는 유머와 진정성에 집중해야 한다. 주로 아마추어들이 제작한 UCC를 유통하는 유튜브는 기성제작 콘텐츠 (RMC)를 유통하는 넷플릭스와 다르게 포지셔닝하고 있음을 알 수 있다.

최근 유튜브는 동영상 시청뿐만 아니라 '검색 채널'이나 '뉴스 소비' 채널로서 가능성을 높이 평가받고 있다. 이전과 달리 유튜브를 통해 정보검색을 하는 사람들이 많아지고 있고, 유튜브를 통해 뉴스를 보는 사람들이 증가하면서 단순히 플랫폼 이상으로 일상생활에 중요한 영향을 끼치는 채널이 되어 가고 있다.

유튜브는 최상의 동영상 경험을 제공하기 위해 다양한 콘텐츠 라인업과 새로운 영상기술을 플랫폼에 지속적으로 추가하고 있다(KB금융지주경영연구소, 2017).

2015년에 어린이가 재미있고 유익한 영상을 쉽고 안전하게 볼 수 있는 '유튜브 키즈' 앱을 출시하였다. 이 앱은 어린이에게 적합한 콘텐츠만 보여 주며 성인용 콘텐츠와 광고가 노출되지 않도록 자동 차단하고 부모가 접근권한을 조정할 수도 있다.

이와 함께 유튜브는 라이브로 방송할 수 있는 '라이브 스트리밍(Live Streaming)' 기능과 게임 전용 플랫폼 '유튜브 게이밍 (YouTube Gaming)'을 추가하고, 360도 영상, VR 영상과 같은 새로운 영상기술을 도입하며 사용자 경험을 극대화하고 있다.

최근 유튜브는 일부 유료 서비스를 도입하여 수익 모델을 다각화하고 있다. 2015년 10월에 유료영상 구독 서비스 '유튜브 레드(YouTube Red)'를 출시했으며, 가입자는 월 9.99달러를 지불하면 유튜브 동영상을 광고 없이 즐길 수 있고 오프라인에서도 영상을 볼 수 있도록 저장기능을 제공하였다. 이제 사람들은 광고를 안 보는 대가로 돈을 내기 시작하였다.

또한 기존 유튜브에서 볼 수 없었던 신작 영화나 시리즈 드라마, 유튜브와 크리에이터가 함께 제작한 영상 등 유튜브만의 '오리지널 콘텐츠'도 별도로 제공하고 있다. 한류 콘텐츠가 유튜브를 중심으로 글로벌한 인기를 끌고 있는 가운데, 유튜브는 2017년 4월 국내 최초 오리지널 콘텐츠로 〈달려라, 빅뱅단!〉을 공개

〈표 3-3〉 OTT 시장을 이끄는 주요 기업 및 서비스 비교

기업, 서비스명	특징
유튜브	• 전 세계 최대 동영상 공유 플랫폼(정체성), 월간 방문자 수는 19억 명이고, 1분당 400시간 이상 분량이 업로드됨 • 2019년부터 오리지널 콘텐츠를 일반 사용자에게 무료 제공 • 구독형 경제 모델 확산에 유리한 플랫폼으로 브랜드의 유지, 성장에 도움
넷플릭스	• 세계 1위 동영상 스트리밍 업체, 190여 개국에서 서비스 제공, 회원 1억 3700만 명 보유 • 2016년 한국 시장 진출한 데 이어 2018년 LG유플러스와 제휴
아마존프라임 비디오	• 아마존프라임 회원 무료로 이용 가능 • 아마존프라임 회원 2018년 4월 1억 명 돌파
훌루	• 2017년 디즈니가 21세기폭스사를 인수하며 훌루의 경영권 확보 • 디즈니는 '훌루'라는 스트리밍 플랫폼을 통하여 시청자 성향에 따른 맞춤형 전략을 구사
왓차플레이	• 한국 토종 스타트업 '프로그램스'에서 운영, 2018년 5월 기준 콘텐츠 누적 재생횟수 1억 회 돌파
옥수수	• SK브로드밴드에서 운영, 2018년 9월 기준 가입자 946만 명 • 한류 콘텐츠(예능, 드라마) 제작으로 동남아시아 진출 계획

했으며, 2018년 10월에는 오리지널 드라마 〈탑매니지먼트〉를 방영하여 관심을 끌었다.

그러나 유튜브는 2019년부터 자체 제작 콘텐츠(오리지널 콘텐츠)를 일반 사용자들에게 무료로 제공하기로 하였다. 유튜브는 오리지널 콘텐츠를 월 11.99달러를 내는 프리미엄 회원에게만 제공해 왔다. 유튜브가 오리지널 콘텐츠를 무상 제공하는 것은 광고효과를 높이는 동시에 넷플릭스 등 새로운 경쟁자를 견제하려는 의도로 해석된다.

2) 넷플릭스 : 세계적인 스트리밍 서비스 플랫폼

(1) 브랜드 관리 현황

넷플릭스는 가입자 1억 3700만 명을 보유한 세계 1위 동영상 스트리밍 기업이다. 현재 190여 개국에서 서비스를 제공하고 있다.

넷플릭스는 몇 년 전만 해도 콘텐츠 공급자로서의 애그리게이터(aggregator) 성격이 강하였다. DVD 대여 사업을 하던 그저 그런 유통업체였다. 그러나 현재 글로벌 동영상 플랫폼으로 급성장하고 있다. 2018년 80억 달러(8조 6800억 원)를 오리지널 콘텐츠 제작에 투입하겠다고 발표하였다.

이와 함께 넷플릭스의 한국 가입자가 폭발적으로 증가하였다. 애플리케이션 분석업체 와이즈앱에 따르면 2018년 1월 34만 명이던 한국 안드로이드 넷플릭스 앱 이용자는 그해 12월 127만 명으로 4배 가까이 늘었다. 전체 이용자는 월 90만 명, 결제금액은 117억 원으로 추정된다.

넷플릭스는 'TV와 영화를 위한 구독 서비스'로 포지셔닝하고 있고, 고객들은 넷플릭스를 통해 빠르고 편하고 재미있는 시간을 얻을 수 있는 혜택을 누리고 있다. 넷플릭스의 브랜드 개성은 쉽고(straightforward), 친근한(friendly) 서비스라고 설명할 수 있다.

넷플릭스의 브랜드 특성은 브랜드 피라미드 구조를 살펴보면 알 수 있다. 브랜드 피라미드는 포지셔닝 모델을 기반으로 고객에게 감정적인 혜택을 제공하기 위한 프레임워크이다.

넷플릭스의 브랜드 피라미드를 적용해 보면, 피라미드 가장 아랫부분인 제품 속성은 천만 편의 드라마와 영화 스트리밍 서비스를 제공하는 플랫폼이며, 바로 윗단계인 넷플릭스 제품을 통해 얻을 수 있는 혜택은 '빠른, 쉬운, 즐거운 : 큰 가치'이다.

제품 혜택 바로 위에 피라미드에는 감정적인 혜택인 '기쁨'이 존재하고, 피라미드 꼭대기에는 보다 큰 혜택인 '현실도피'가 자리 잡고 있다.

넷플릭스 : '영화감상이 쉬워졌어요(Movie enjoyment made easy)'

현실도피 ·········· • 보다 큰 혜택

기쁨 ·········· • 감정적인 혜택

빠른, 쉬운, 즐거운 : 큰 가치 ·········· • 제품 혜택

TV 드라마와 영화 스트리밍 서비스 : 오리지널 콘텐츠 ·········· • 제품 속성

[그림 3-2] 넷플릭스의 브랜드 피라미드 구조

넷플릭스의 브랜드 피라미드 구조는 [그림 3-2]에서 살펴볼 수 있다.

넷플릭스는 DVD 메일 구독, 스트리밍, 오리지널 콘텐츠 제작까지 제품을 꾸준히 발전시키고 있으며, 궁극적으로 고객들에게 간편한 영화감상의 즐거움을 주는 구독 서비스 회사를 지향하고 있다.

넷플릭스의 프로덕트 매니지먼트 부사장 깁슨 비들(Gibson Biddle)은 "20년 동안 넷플릭스는 DVD 전자상거래 사이트에서 세계적인 인터넷TV 회사로 진화했으며, 자체 브랜드 성과를 방문객과 전환율 2가지에 초점을 맞추어 평가해 왔다"고 말하였다.[2] 그는 방문객의 2%가 넷플릭스를 시작했고, 무료기간이 끝나면 90%의 고객이 유료회원으로 전환한다고 주장하였다.

구독 서비스를 판매하는 넷플릭스가 국내에서 망사용료와 화질 문제로 브랜드 이미지에 타격을 받고 있다. 넷플릭스는 동영상 위주라 트래픽이 더 많이 발생하는데 국내 통신사에 망사용료를 내지 않겠다는 입장을 밝혀 논란이 지속되고 있다. 넷플릭스 사용자가 급증하면서 화질이 떨어지고 인터넷 속도가 느려지는 불편을 호소하는 사람들이 늘고 있다. 넷플릭스는 안정된 인터넷으로 미디어 콘텐츠를 제공할 의무가 있는데 그 비용을 통신사에 떠넘겨 고객의 불만을 유발하고 있다.

디지털 구독기업인 넷플릭스가 지속적인 서비스 개선과 구독

---

2 깁슨 비들(Netflix Former VP/CPO)의 Spero Ventures 게시글 "Branding for Builders" 참조(2017.12.19). 깁슨 비들은 2005년부터 2010년까지 넷플릭스의 프로덕트 매니지먼트 부사장을 역임하였다.

자의 불만해소를 통해 고객의 만족도를 높여 시청자에게 글로벌 OTT 업체로서의 브랜드 이미지를 각인시킬 필요가 있다.

(2) 콘텐츠의 유통 확대

넷플릭스의 자율적인 제작 시스템의 도입은 콘텐츠 제작사업을 빠르게 정착시키는 데 도움이 되었다. 넷플릭스의 최고 콘텐츠 책임자(CCO)를 지낸 테드 사란도스(Ted Sarandos)는 전통적인 파일럿 방식을 도입하지 않고 창작자들에게 맡겨 전체 시즌을 자율적으로 제작하도록 하였다. 그 팀은 매년 새로운 콘텐츠 생산량을 두 배씩 늘렸으며 해외시장도 한꺼번에 13개국에 진출하였다. 테드의 그룹은 〈더 크라운〉과 같은 고상한 드라마 시리즈로 대중에게 널리 사랑받았지만 비평가들의 인정을 받기 어려운 〈풀러 하우스〉까지 전 장르를 아우르는 콘텐츠를 제공함으로써 모든 계층의 취향을 만족시켰다(패티 매코드, 2018).

넷플릭스가 오리지널 콘텐츠를 만드는 이유는 독점 콘텐츠 확보를 통해서 다른 OTT 업체와 차별화를 꾀하고, 시청자의 몰아보기 습관을 만들어 넷플릭스에 오래 머물도록 하려는 것이다. 또한 넷플릭스 효과에서 확인할 수 있듯이 오리지널을 제작하여 오래된 콘텐츠의 시청횟수를 높이고, 상대적으로 콘텐츠 구입비용을 낮추려는 것이다.

넷플릭스의 경우에도 한국 전담팀을 별도로 꾸리는 등 한국 시장에 발을 들인 이후 국내 영상 콘텐츠를 '블랙홀'처럼 빨아들이고 있다. 방송업계에서는 2018년 tvN 드라마 〈미스터 선샤인〉을 300억 원에 계약하고 JTBC도 드라마 〈라이프〉를 유통하며 물꼬를 터서 방송 판도가 바뀔 것이라는 전망이 나오고 있다.

2018년 넷플릭스의 전 세계 콘텐츠 투자액은 약 80억 달러(약 8조 8000억 원)이며, 한국의 콘텐츠도 확대할 계획이다. 최근 컨퍼런스 콜에서는 프랑스, 폴란드, 인도, 한국, 일본 등에서 오리지널 콘텐츠 확대에 대해 언급하였다. 넷플릭스가 JTBC와 600시간이 넘는 콘텐츠 방영권 계약을 진행하자 제이콘텐트리의 주가가 43% 상승하였다. 그밖에 NEW와 영화판권 계약을 진행했으며, 웹툰 원작의 〈좋아하면 울리는〉, 좀비 드라마인 〈킹덤〉, YG가 제작하는 〈유병재의 블랙코미디〉, 〈YG전자〉 등을 방영하는 등 넷플릭스의 오리지널 한국 콘텐츠 제작이 확대되었다. 〈킹덤〉은 죽었던 왕이 되살아나자 반역자로 몰린 왕세자가 괴물이 된 이들의 비밀을 파헤치며 벌어지는 미스터리 스릴러이다. 〈킹덤〉은 김성훈 감독과 김은희 작가가 의기투합하여 만든 좀비물이며 주지훈, 류승룡, 배두나 등 실력파 배우의 가세로 호평을 받았다. 후속작인 〈킹덤 시즌2〉는 사전제작으로 촬영한 뒤 2020년 공개될 예정이다.

넷플릭스의 시장진출을 바라보는 국내 미디어·콘텐츠 업계의 시선은 두 가지로 나뉜다. 방송사, 유료 OTT 업체 등은 글로벌 유통망과 자본력을 갖춘 넷플릭스의 아시아 시장진출을 경계하고 있다. 글로벌 기업이 시장을 점령해 버리면 국내 사업자들이 설 자리가 사라진다는 것이다.

다른 한편에서는 넷플릭스가 국내 콘텐츠 제작자들에게는 제2의 기회가 될 수 있다는 것이다. 넷플릭스가 갖고 있는 글로벌 유통망과 제작비가 콘텐츠 제작자들에게 긍정적인 영향을 줄 수 있다는 것이다. 넷플릭스가 제작비를 충분히 책정하고 사전제작 방식으로 촬영하는 등 국내 제작업계가 가진 문제점을 보완한 방식으로 콘텐츠를 만들고 있기 때문이다. 이럴 경우 그동안 열악했던 국내 콘텐츠 제작자와 창작자에 대한 환경이 개선될 것으로 보인다.

chapter 4

미디어 브랜드의 진화

미디어 브랜드의 진화

1. MCN

스마트폰이 대중화되면서 누구나 동영상을 제작하여 UCC를 만들 수 있었다. UCC가 수익으로 연결되어 여러 채널을 묶어서 사업을 하는 MCN(Multi Channel Network, 다중 채널 네트워크)으로 발전하였다. MCN은 OTT를 무대로 활동하는 개인 콘텐츠 제작자들을 관리하는 일종의 매니지먼트 기업을 의미한다. 쉽게 말하면 1인 크리에이터들의 기획사 역할을 MCN이 해 주는 셈이다. 개인 콘텐츠 제작자들은 MCN에 콘텐츠 저작권 관리를 위임하고, MCN은 이들에게 동영상 콘텐츠 제작을 위한 장비, 서비스 플랫폼 등을 제공하며 광고 및 프로모션 비즈니스를 지원한다. 즉, MCN은 아프리카TV와 같은 1인 콘텐츠 창작 방송이 수많은 크리에이터들을 관리하며 시청자들이 좋아하는 콘텐츠를 만들고 다양한 플랫폼에 콘텐츠를 유통하는 업무를 담당하고 있다.

MCN이 태동한 건 유튜브의 본고장 미국이다. 2005년 유튜브가 설립될 당시만 해도 이런 사업이 생길 거라고 예상한 사람은

거의 없었다. 그러나 유튜브가 2007년 5월 콘텐츠 제작자에게 영상 앞에 붙는 광고의 수익을 나눠 주는 '파트너 프로그램'을 도입한 뒤 상황이 180도 바뀌었다. 1인 크리에이터가 유튜브를 통해 수익을 창출하는 토대가 마련된 것이다. 연예기획사가 연예인을 키우듯 MCN 업체는 능력 있는 크리에이터를 발굴해야 한다. 크리에이터에게 방송장비와 마케팅 등을 지원하는 대신 유튜브와 아프리카TV 등 OTT 업체에서 얻는 광고 수익을 창작자와 나누는 방식이다.

국내에서도 MCN 산업의 규모가 커지고 있다. 2013년 7월 이 사업에 뛰어든 CJ E&M이 대표주자이다. CJ E&M은 국내뿐 아니라 아시아에서도 MCN 사업을 가장 크게 벌이고 있다. 현재 게임 중계로 유명한 〈대도서관TV〉(본명 나동현)를 비롯해 '겨울왕국 엘사 메이크업' 등 이색 화장법으로 유명해진 〈씬님〉(본명 박수혜) 등 387개 팀과 파트너 제휴 관계를 맺고 있다. 파트너 채널 합산 유튜브 구독자 수는 2200만 명이며 월간 조회수는 5억 3000회에 이른다.

MCN은 다양하고 혁신적인 콘텐츠 제작이 상대적으로 수월하다. MCN에 소속된 창작자들은 이용자와 활발한 의사소통을 바탕으로 그들의 세분화된 니즈를 충족시킬 수 있는 콘텐츠를 단기간에 저비용으로 제작할 수 있다. 또한 MCN 사업자는 유튜브 이외 기존 방송 플랫폼과 OTT 사업자에게도 콘텐츠를 공급하고 있으며, 온라인 매장 운영, 대기업과의 공동 마케팅 등으로 매출구조를 다양화하고 있다.

1) 아프리카TV

별풍선은 아프리카TV에서 통용되는 일종의 기부금 형식의 사이버머니이다. 초창기 아프리카TV 추천 기능이었던 별과 팬덤을 상징하는 풍선을 결합해 만든 기부형 아이템이다. 가격은 1개에 100원, 시청자들이 BJ에게 별풍선을 선물하면 BJ들은 등급에 따라 20~40%의 수수료를 아프리카TV에 떼어 주고 자신의 수입을 챙긴다(이은영, 2016).

우리나라 대표 크리에이터인 대도서관, 김이브, 양띵 등이 모두 아프리카TV의 BJ 출신이다. 인기 BJ의 수익은 정확하게 밝혀지진 않았지만 2015년 12월 별풍선 환전 현황을 보면 한 달에 1억 원을 환전한 BJ도 있다. 또한 100여 명의 인기 BJ는 월 1천만 원 수준의 수입을 올리고 있다. 이러한 팬덤 문화에 기반한 '별풍선'이라는 안정적인 수익 모델을 개발한 덕분에 아프리카TV는 하루 1만여 개의 라이브 채널을 열고 있다. 그러나 유튜브와 페이스북의 실시간 인터넷 방송시장 진출과 더불어 스타급 BJ가 계속 이탈하면서 아프리카TV의 위기론이 대두되고 있다. 유명한 BJ 대도서관, 썬님, 양띵, 악어 등은 아프리카TV를 이탈하여 유튜브로 영역을 확장해 갔다.

아프리카TV에서 만들어지는 콘텐츠는 하루에 12만 개 수준이고, BJ는 30만 명에 달하며, 하루에 유입되는 시청자 수도 60만 명 이상이다.

2) 다이아TV(DIA TV)

다이아TV는 CJ E&M이 2013년 7월에 설립한 한국 최초의

MCN이자 한국 최대의 MCN 브랜드이다. 다이아TV는 단순히 1인 미디어들과 계약을 맺는 것을 넘어 1인 미디어 제작자들을 독자적으로 규합해 자체 콘텐츠를 만드는 것은 물론, 상암 DMC에 위치한 CJ E&M 스튜디오와 별개로 다이아TV만을 위한 자체 방송 스튜디오를 홍대에 건립하였다. 2017년 세계 최초로 1인 미디어만을 위한 방송 '다이아TV' 채널을 개국하였다. 다이아TV는 2018년 기준 창작자 1,400개 팀을 보유하고 총 구독자가 2억 2000만 명을 넘어서는 등 크게 성장하고 있다.

'다이아TV'는 1인 크리에이터들의 세계 진출과 수익 모델 다양화를 본격적으로 지원하겠다는 게 핵심이다. 이덕재 CJ E&M 방송콘텐츠 부문 대표는 "다이아TV 론칭과 함께 올해를 MCM 사업 제2의 원년으로 삼고 1인 창작자들이 아시아 넘버원으로 성장할 수 있도록 총력을 기울일 계획이다"라며 각오를 밝혔다.

CJ E&M은 K-pop 공연과 패션, 식품, IT 등 한국 기업 제품의 컨벤션을 동시에 여는 K-con을 열고 있다. CJ 크리에이터 그룹에 속한 1인 크리에이터 역시 K-con에 참석하여 해외 팬들을 만나고 자신들의 콘텐츠를 직접 시연하는 등 해외 팬과의 네트워크를 적극적으로 구축하고 있다. 대표적인 예로 뷰티 크리에이터 씬님은 직접 영어로 메이크업 시연을 하며 팬들과 만났고 이를 영상에 담아 다시 유튜브를 통해 소개하기도 하였다.

3) 트레져헌터

중소 MCN 업체의 추격도 만만치 않다. 양띵이 파트너를 맺은 트레져헌터가 대표적이다. 2018년 1월 설립된 트레져헌터(treasure hunter)는 양땡 외에도 '아프리카TV 4대 여신'이라 불리는 김이 브 등 30개 팀과 파트너를 맺고 있으며 총구독자 수는 780만 7000여 명, 총 누적 조회수는 18억 7000만 회에 이른다. 트레져 헌터는 새롭고 다양한 시도를 통해 세상을 한 단계 더 진보시킬 수 있는 괴짜스럽고 열정적인 헌터들을 양성하고 있다. 그 브랜 드들의 핵심가치인 잠재력, 팀 정신, 다양성을 강조하며, 창의적 이고 도전적이며 글로벌한 MCN 업체를 표방한다.

트레져헌터에 소속된 메건 보웬은 '저는미국사람 ChoNunMi gookSaram'이라는 채널을 운영하며 한국 생활과 문화를 소개하 는 영상을 만들어 인기를 끌었다. EBS 영어강사로 활동하는 그 녀는 미국인의 시각으로 한국 지역 문화축제와 문화체험 모습을 해외 시청자들에게 알리며 70만 명의 유튜브 구독자를 확보하고 있다.

〈표 4-1〉 해외에서 인기 있는 한류 동영상 채널

파트너사	제작자	내 용
아프리카TV	큐트걸즈	한국 여성 BJ(방송 진행자) 4명의 영상을 편집해 태국 사이트에 제공
트레져헌터	다또아	중국 동영상 사이트에 한국 화장법을 제공
	메건 보웬	떡볶이 먹기 도전 등 한국인들의 일상에 대해 올리는 미국인
다이아TV	오빠 까올리	태국어로 다양한 한국 문화 등을 소개
	위시트렌드 TV	한국 화장품을 제대로 사용하는 법을 영어로 소개
	밥먹자	캐나디안 '해피'와 영국인 '밥먹자'가 K팝 스타들의 유 명영상을 따라하며 영어로 방송

출처 : 『한류확산전략: 크리에이터, IP, 플랫폼, 자본』, KOCCA 포커스(2016).

2. 1인 미디어 브랜드

최근 특별한 기술이나 장비 없이 PC나 모바일 기기를 통해 양방향 의사소통이 가능한 '1인 미디어'가 새로운 문화 트렌드로 떠올랐다.

1인 미디어는 혼자서 방송을 기획하고 제작, 유통하여 누구나 스타가 되고 누구나 PD가 될 수 있다. 배우 이덕화는 개인방송 〈덕화TV〉를 개설하여 낚시와 댄스 영상, 가발 개봉기 등 자신의 일상을 다뤄 인기를 끌고 있으며, 가수 겸 배우 아이유도 유튜버에 도전하여 자신이 직접 편집에 참여하여 팬들과 소통에 나서고 있다. 70살이 넘은 박막례 할머니는 초콜릿 만들기, 밭일하는 일상, 치과에 들렀다 시장갈 때 메이크업 등 다양한 주제의 영상을 올려 구수한 말솜씨 덕분에 60만 명 이상의 구독자를 끌어모았다.

스마트폰의 대중화에 따라 적은 자본으로도 창작물을 만들어 유통하고, 개인의 브랜드 가치를 홍보할 수 있게 되었다. 즉, 1인 미디어, 1인 크리에이터라 불리며 유튜브, 아프리카TV, 페이스북 등에서 인기를 끄는 개인방송 제작자는 일반 대중에게 신선한 소재와 캐릭터로 접근하고 있다.

유명 크리에이터들은 드라마, 예능 등 텔레비전까지 진출하여 신선한 입담과 매력으로 시청자를 사로잡고 있다.

레거시 미디어가 1인 미디어와 만난 가장 대표적인 성공사례는 2015년 MBC에서 방송을 시작한 〈마이 리틀 텔레비전〉이다. MBC 〈마이 리틀 텔레비전〉 성공 이후 KBS 〈어서옵Show〉, SBS 〈꽃놀이패〉, JTBC 〈잘 먹는 소녀들〉과 〈랜선 라이프〉,

tvN 예능 〈내 손 안의 조카티비〉 등 1인 미디어와 방송을 조합한 프로그램이 등장하는 추세이다.

이렇듯 1인 미디어는 더 이상 비주류가 아니라 기존 레거시 미디어가 다루지 못한 틈새시장을 파고들어 시청자들의 가려운 부분을 채워 주는 보완매체로서 역할을 해내고 있다. 특히, 1인 미디어의 강점은 검열이나 편집 없이 시청자들과 직접 소통할 수 있다는 점이다.

1인 미디어를 제작하는 크리에이터들은 기존 산업과 손잡고 화장품회사, 쇼핑회사, 광고회사 등과 협업하여 자신의 브랜드 가치를 적극 활용하고 있다.

최근에는 유명한 연예인만큼 인기가 높은 1인 크리에이터들이 TV에 출연하거나 광고 모델로 나서는 등 매우 강력한 브랜드 파워를 보이고 있다. 유튜브, 아프리카TV 등 1인 미디어 시장이 급격히 팽창하면서 패션과 뷰티 크리에이터들은 스타들의 영역인 광고에 발을 디뎠다. 크리에이터를 모델로 기용하는 브랜드도 많다. 뷰티 크리에이터의 경우 웬만한 톱스타만큼 광고 효과를 기대해 볼 수 있기 때문이다.

1인 크리에이터들의 높은 인기 때문에 지상파와 비지상파를 막론하고 이들을 모시려는 움직임도 늘고 있다. 이와 같이 유명 크리에이터의 개인 브랜드는 퍼스널 브랜드와 밀접히 연결되고 있다. 퍼스널 브랜드 마케팅은 특정 개인이 '이름값'을 높이고 유지하는 마케팅 전략을 의미한다.

밴쯔, 감스트, 대도서관, 이사배와 같은 크리에이터들은 가장 주목받는 스타들이다. 기업들도 '브랜드=스타'라는 동일시 효과를 통해 크리에이터의 매력이나 장점을 브랜드 특성으로 전이시킬 수 있다는 장점이 있어서 자사의 제품홍보나 광고에 퍼스널 마케팅을 철저히 활용하고 있다.

누군가 1인 미디어는 레스토랑을 만드는 것과 같다고 이야기하였다. 레스토랑이 성공하려면 시그니처 메뉴(메인 메뉴)가 중요하듯이 1인 미디어 역시 메인 기획이 중요하고 누구를 타깃으로 어느 장르에 들어갈 것인지를 결정해야 한다. 결국 1인 미디어는 콘텐츠의 기술적 측면보다 기획력과 아이디어로 승부해야 한다. 시청자가 원하는 것은 지상파 수준의 뛰어난 영상미가 아니라 기발하고 신선한 콘텐츠이기 때문이다. 이런 콘텐츠에 미래세대 소비자의 시대정신과 소비가치가 담겨 있기 때문에 우리는 1인 미디어의 특징과 영향력을 주시해야 한다.

1인 미디어의 변화를 파악하기 위해서 1인 방송의 브랜드 평판 자료를 분석하였다. 한국기업평판연구소가 2018년 8월 1인 방송 브랜드 평판 빅데이터를 분석한 결과, 1위 1MILLION Dance Studio, 3위 캐리TV, 8위 밴쯔, 9위 허팝, 10위 대도서관, 33위 씬님으로 조사되었다. 이 조사를 바탕으로 브랜드 평판 순위가 40위권 안에 포함된 콘텐츠 중에서 각 장르를 대표하는 1인 미디어 브랜드를 선별하였다.

여기에서는 국내에서 활동 중인 크리에이터 가운데 〈대도서관TV〉(게임), 〈밴쯔〉(먹방), 〈씬님〉과 〈이사배〉(뷰티), 〈캐리와 장난감친구들〉(키즈), 〈단희TV〉(시니어 크리에이터), K-크리에이터(한국문화 전파자) 등 각 장르별로 대표적인 크리에이터를 소개하고자 한다.

1) 〈대도서관TV〉: 게임 크리에이터

(1) 브랜드 관리 현황

대도서관 나동현은 평범한 대기업(SK커뮤니케이션즈) 사원에서 2010년 다음TV팟에 게임방송을 시작하면서 1인 브랜드 대도서관이 탄생하였다. 대도서관이라는 닉네임은 2010년 첫 방송에서 선보인 게임 〈문명 V〉에 등장하는 건축물인 '알렉산드리아 도서관'에서 따온 것이다. 그는 세이클럽 라디오 방송 DJ 경험을 무기로 유튜브 게임 방송을 진행하며 스토리텔링과 입담으로 승부수를 던졌다.

대도서관은 26살 때 세이클럽 라디오 방송을 진행하면서 애청자와 소통하는 맛을 알아갔고, 숨어 있던 자신의 끼를 발견하여 1인 크리에이터로 성장하는 데 밑거름이 되었다. 그는 백수 시절 게임과 영화에 빠져 산 것이 주변 사람과 소통하는 능력과 게임 방송을 진행하는 기본 역량을 키우는 데 도움이 됐다고 밝혔다.

그가 유튜브를 이용한 퍼스널 브랜딩에 나선 것은 대기업에서 인터넷 강의와 관련된 기획, 촬영, 편집을 해본 경험이 있고, 취미인 게임을 방송 콘텐츠로 만들어서 올리면서 잠재된 끼를 발견했기 때문이다.

대도서관은 1인 미디어의 최종적인 형태에 대해 스스로 브랜드가 되는 것이라고 강조하였다. 그는 2018년 5월 14일 티브이데일리와의 인터뷰 중에 1인 미디어에 대한 자신의 생각을 다음과 같이 밝혔다.

[그림 4-1] 유튜브 방송을 진행하는 크리에이터 '대도서관'

(사진=연합뉴스 제공)

1인 미디어의 최종적인 형태는 스스로 플랫폼이 되는 것이다. 그는 플랫폼에 구애받는 것이 아니라 퍼스널 브랜딩으로 스스로가 브랜드가 되어야 한다고 강조했다. 그가 1인 미디어에 뛰어든 이유도 여기에 있다. 집안 사정상 고졸 상태로 군대를 다녀온 뒤 연이 닿아 기획자의 길로 들어섰다. 그는 "회사에서 마음 맞는 사람끼리 사업구상도 해보고 그런 소규모 그룹이 있었다. 근데 내 학력으로 과연 누가 투자를 할까라는 생각이 들었다"고 했다. "내 가치를 올리는 방법을 찾게 되었어요. 그러다 보니 해외 쪽에도 눈을 돌리다 보니 1인 미디어 시장이나 퍼스널 브랜딩에 대해 관심을 갖게 되었어요."

1인 브랜드 '대도서관'은 다음TV팟에서 시작해 아프리카TV를 거쳐 유튜브에서 활동하고 있다. 유튜브 채널 구독자수는 2018년 12월 현재 190만 명을 넘어섰고, 생방송에는 최대 2만 명에 이르는 시청자가 모여든다.

대도서관은 17~30세 학생 및 직장인을 타깃으로 유튜브 라이브 방송을 진행하면서 시청자들과 소통하고 1인 미디어로서 역량을 키워 팬덤을 형성하는 데 큰 도움이 되었다.

그는 게임 분야에 특출한 능력을 살려 게임 크리에이터로서 정확한 브랜드를 구축하였다. 대도서관은 개인 브랜드를 관리하는 데 두 가지 면에서 성공하였다. 첫째는 차별화된 방송을 한다는 것이다. 그는 참신한 아이디어를 얻기 위해 사람을 만나거나 여러 가지를 시도하면서 기획력과 성실함을 어필할 수 있었다. 둘째는 다른 크리에이터와 달리 깨끗한 방송을 한다는 점이다. 그는 극적인 콘텐츠와 말을 지양하며 별풍선을 받지 않고 광고 수입으로 운영하고 있다. 이런 관리가 대도서관이라는 1인 브랜드의 가치를 지켜 나가는 데 큰 도움이 되었다.

(2) 브랜드 확장

대도서관은 유튜브에 게임 크리에이터로서 개인 브랜드를 설정하고, 이를 정교화하고 나서 자신의 브랜드 이미지와 적합한 영역으로 확장하고 있다. 그는 게임 크리에이터로서 기획력과 성실함, 깨끗한 방송 등의 장점을 앞세워 TV와 라디오 진행자, 강연, 팬미팅, 공연, 행사 진행, 각종 매체 인터뷰 등 외부활동을 활발하게 진행하면서 1인 토크쇼 진행자라는 목표를 향해 브랜드를 확장해 나가고 있다.

특히, EBS 〈대도서관 잡쇼〉는 1인 미디어의 저변을 넓히는 기회라서 참여하였다. 그는 앞으로 인터넷 방송도 높은 완성도를 지향해야 하고 이를 시험하기 좋은 기회라고 생각해서 이 프로그램에 진행자로 나섰고 취업 관련 내용으로 하자는 제안도 자신이 했다고 한다. 〈대도서관TV〉 시청자가 대부분 17~30세인데, 그들의 고민거리가 취업이었기 때문이다(대도서관, 2018, 214쪽).

유명 유튜버로서 대도서관은 소통과 진행 능력을 발휘하여 자신의 이미지에 부합하는 영역으로 퍼스널 브랜드를 확장해 나가고 있다. 대도서관은 "유튜브의 핵심가치는 돈벌이가 아닌 '퍼스널 브랜딩'이라고 믿는다"고 강조하였다.

그는 진행능력을 활용하여 대도서관TV를 개설하여 성공시킨 경험을 바탕으로 트렌드 파악을 위해 뷰티와 패션 채널을 공부하고, 자신의 기획력을 바탕으로 웹드라마 제작과 스토리텔링 능력을 이용한 엔터 채널 오픈을 계획하고 있다. 그가 만든 '엉클대도'라는 회사 역시 방송과 캐릭터 등 다양한 사업을 위한 지지 기반이다. 직원 12명으로 구성된 엉클대도는 1인 미디어 전문가 집단을 표방하며 콘텐츠 제작에 나서고 있다.

그는 조만간 유튜브에 〈반찬하는 남자〉라는 타이틀로 푸드 채널을 오픈하고 엔터 채널을 만들어 세계 시장을 공략할 계획이라고 밝혔다.

유튜버의 1인 지식인으로 성공한 대도서관은 미국의 지미 팰런(Jimmy Fallon)이나 코넌 오브라이언(Conan O'Brien)과 같은 1인 토크쇼 진행자가 되고 싶다고 하였다. 그는 문화, 예능, 정치, 사회, 게임 등 모든 것을 이야기할 수 있는 진행자가 꿈이라면서 생방송으로 하루 3~4시간 이상 진행하는 트레이닝을 꾸준히 하고 있다.

2) 〈밴쯔〉: 먹방 크리에이터

(1) 브랜드 관리 현황

밴쯔(본명 정만수)는 대한민국 최초로 구독자 수 280만 명을 돌파한 먹방 유튜버로 인기를 누리고 있다. 밴쯔라는 예명은 자동차 브랜드 이름을 떠올리며 지었고 그가 벤츠를 타고 싶어서 닉네임을 밴쯔로 지었다고 한다.

먹방으로 아프리카TV 방송을 시작한 그는 쩝쩝대지 않고 리액션이 과하거나 일부러 높은 톤으로 시끄럽게 떠들지도 않으며, 방송에서 욕을 하지 않는 등 깨끗함을 보여 줘 인기가 많다.

밴쯔는 먹는 양만으로 따졌을 때 먹방을 하는 BJ 중에 손가락에 꼽히는 수준으로 신대방의 대왕돈까스뿐만 아니라 한남동의 점보라멘을 손쉽게 해치웠고, 식신 정준하가 하와이에서 도전했다 실패한 방석팬케이크도 어렵지 않게 먹어 치웠다.

평소 먹방을 하는 만큼 건강을 유지하기 위해 하루 12시간 운동으로 체력을 관리하며, 방송재료비로 한 달 300만~500만 원을 사용하고 한 달 식비가 천만 원을 넘는다고 한다.

아프리카TV 갑질 논란으로 2016년 10월 아프리카 방송에서 아프리카TV와의 '파트너 BJ' 계약을 파기하며 위약금을 지불하고 다른 플랫폼으로 이전하겠다는 의사를 밝혔다.

그는 유튜브에만 307만여 명의 정기 구독자가 있고, 누적 조회 수가 1억 1600만 회를 넘는다. 밴쯔는 막말과 욕설을 하지 않는 크리에이터로 알려져 있으며, 철저한 자기관리와 기획력으로 자신의 브랜드 이미지를 유지하고 있다.

(2) 브랜드 확장

밴쯔는 먹방 크리에이터로서 먹방계의 스타의 위치를 활용하여 자신의 브랜드 이미지와 적합한 영역으로 브랜드를 확장하고 있다.

우선 그는 MCN 채널에서 자신의 존재감을 확고히 하고 있다. 2013년 5월 아프리카TV에서 먹방을 시작하여 유튜브와 카카오TV에서 활동하고 있다. 밴쯔는 햄버거 10개를 5분 만에 먹어치우는 것은 기본이고, 한 번에 라면 6~7그릇도 거뜬하다. 그는 거대한 식사량을 소화시키기 위해 하루에 6~7시간 운동을 할 정도로 철저한 직업정신으로 무장되어 있다.

2016년 9월에는 서브 채널 〈밴쯔의 ASMR[1]〉을 개설하여 씹는 소리를 강조하는 리얼사운드 먹방을 업로드하고 있다. 먹는 소리만 담은 이 채널의 구독자도 25만 명을 넘고 있다.

밴쯔는 방송과 광고, 시식회, 시상식에 참여하며 자신의 브랜드 이미지를 확고히 구축하고 있다. 밴쯔하면 '먹방계의 황제'라는 등식이 성립할 정도로 먹방 크리에이터로서 자신의 영향력을 발휘하고 있다.

〈밴쯔〉 구독자는 70%가 여성인데, 다이어트에 민감한 여성들이 자신의 먹방을 보면서 대리만족을 하거나 먹는 욕구를 푸는 것 같다고 말을 하기도 하였다.

---

1 ASMR(Autonomous Sensory Meridian Response)은 자율감각 쾌락반응으로 뇌를 시각적·청각적·후각적으로 자극하여 심리적 안정을 주고 수면을 도와주는 영상을 의미한다. 밴쯔의 경우 짜장면을 비비는 소리나 새우튀김을 영상에 소개하여 시청자들을 유인하고 있다.

밴쯔는 JTBC〈랜선 라이프〉등에 출연한 것을 비롯해 KBS2 〈VJ특공대〉와 XtvN〈슈퍼TV〉에 출연하여 자신의 이름을 알리는 홍보창구로 활용하고 있다. 또한 먹방 시상식 사회자, 토크콘서트, 시식회 참여, 의류 브랜드 론칭 등 무리한 브랜드 확장보다는 자신의 브랜드 이미지를 손상시키지 않는 범위에서 브랜드 확장에 주력하고 있다.

그러나 밴쯔는 2017년 건강식품 브랜드 잇포유를 론칭해 다이어트 보조제 등 건강기능식품을 판매하면서 혼동의 우려가 있는 광고를 심의받지 않고 광고한 혐의로 기소되었다. 이와 관련해 밴쯔는「건강기능식품에 관한 법률」위반 혐의로 기소된 가운데 사과문을 발표하였다. 그는 "직접 먹어 보니 좋은 제품이라고 느꼈고, 많은 분들께 알리고 싶어 무턱대고 사업을 시작하여 어떻게 광고해야 되는지도 모르면서, 무지한 상태로 광고를 집행하여 혼동을 드린 점 정말 진심으로 사과드린다"고 말하였다. 밴쯔는 무리한 사업확장이 자신의 브랜드 이비지에 타격을 준다는 교훈을 얻은 것이다.

3)〈씬님〉과〈이사배〉: 뷰티 크리에이터

(1) 브랜드 관리 현황

씬님(본명 박수혜)은 유튜브에서 활동하는 뷰티 크리에이터이다. 그는 중학교 3학년부터 화장을 시작하여 과거에 코스프레, 비주얼계, 갸루(특유의 화장법으로 화장을 한 여성) 메이크업으로 네이버 블로그에서 굉장한 인기를 얻었다. 연예인 메이크업을 시도했던 것이 인연이 되어 2008년부터 유튜브에 영상을 올리기 시작하였다.

중앙대에서 시각디자인을 전공한 그는 화장품 패키지 디자이너를 꿈꾸며 시작한 1인 크리에이터가 직업이 되어 버렸다. 그는 메이크업 학원을 다닌 적도 없고 관련 자격증도 없지만 화장을 놀이처럼 즐긴 것이 인기를 얻게 된 비결이라고 생각한다.

씬님은 중성적인 매력의 외모와 걸쭉한 입담이 특징이다. 씬님은 여성스러움을 부각하지 않고 가끔씩 과격한 말투와 비속어를 사용하는 엽기적인 모습을 보이면서 독특한 뷰티 크리에이터 브랜드를 구축하고 있다.

〈겨울왕국〉엘사 메이크업 외에도 '클럽 갈 때', '데이트할 때', '아이돌 스타일로 꾸미는 법' 등의 이색 화장비법으로 인기몰이 중이다. 유튜브에만 구독자가 160만여 명 있고, 누적 조회 수는 3700만 회를 넘는다. 단순히 예뻐 보이기보다는 독특한 메이크업을 재치 넘치는 입담으로 전달해 주는 것이 인기몰이의 요인이다. 명성황후, 황진이 등 역사 속 인물을 활용한 '옛날 치장법'부터 방송 도중 간간이 공개하는 화장품 브랜드 비교정보도 시청자들에게 주는 혜택이다. 메이크업에 관심이 많은 10~20대 여성이 가장 많고, 중고교생 팬도 많다.

그의 동영상 콘텐츠 주제는 독창적이다. 평범한 화장법을 알려주기보다 일반인은 엄두조차 내기 힘든 개성 있는 메이크업을 소개한다. 씬님은 여성임에도 불구하고 남자 아이돌 메이크업을 똑같이 따라하는 것으로 유명하다. 그는 남자 아이돌 갓세븐 잭슨, 엑소 카이, 방탄소년단 지민 등의 커버 메이크업으로 인기를 끌었다. 콘텐츠별 영상구성 면에서 그는 기획력이 뛰어나 패러디, 유튜버와의 콜라보레이션, 오락적 요소 등과 여러 가지 테마를 부가해 재미를 높이며 다양한 콘텐츠를 제공하고 있다.

특히 시청자들에게 정확한 정보를 제공하기 위해서 립스틱을 팔에 발라가며 발색 테스트를 해 보이기도 했다. 그는 특정 화장품의 품질을 평가한 영상을 올려 화장품업계를 긴장하게 만들 정도의 뷰티 인플루언서[2]로서 영향력을 발휘하고 있다.

씬님은 전문성, 매력도, 유명도, 친근감을 갖추고 있다. 그중 그만의 색깔인 중성적인 매력과 거침없는 언행을 통한 친근감이 시청자들에게 가장 인기를 끄는 요소라고 볼 수 있다. 그녀는 중성적 매력, 거침없는 솔직함, 뷰티 콘텐츠 제작의 전문성, 옆집 언니와 같은 친근함 등 브랜드 개성을 갖춰 뷰티 크리에이터로서의 차별적인 포지셔닝을 구축하였다.

씬님은 라이벌 이사배와 함께 뷰티 크리에이터로서 경쟁구도를 형성하고 있다. 특수분장사 출신인 이사배는 통통 튀는 발랄한 입담과 리얼한 커버 메이크업으로 인기를 끌고 있으며, MBC 미술센터 특수분장팀과 유명 메이크업 숍에서 일했던 경험을 활용하고 있다. 그녀는 '인간 복사기'라 불릴 정도로 연예인과 비슷하게 화장(선미 커버 메이크업)하거나 엑스맨과 같이 망가짐을 두려워하지 않는 특수분장까지 하면서 전문성과 재미를 넘나들며 자신의 매력을 발산하였다. 이사배는 수많은 경력과 다양한 제

---

2 인플루언서는 SNS에서 일정 수준 이상의 독자를 보유해 사람들에게 영향을 미치는 유명인으로, 주로 마케팅 측면에서 콘텐츠 공유에 적합한 페이스북, 인스타그램과 같은 파급력 있는 플랫폼을 활용한다.

〈표 4-2〉 〈씬님〉과 〈이사배〉의 브랜드 비교

	〈씬님〉	〈이사배〉
유튜브 구독자 수 (2018년 12월 기준)	160만 명	200만 명
매력 포인트	중성적 외모, 걸쭉한 입담, 아이돌 커버 메이크업	발랄한 입담, 리얼 메이크업, 신뢰성 있는 정보전달
브랜드 포지셔닝	중성적 매력의 옆집 언니 같은 뷰티 크리에이터	전문성과 재미를 제공하는 뷰티 크리에이터
브랜드 확장	씬님, 씬기록, 다이어트 채널인 thin님, Behind 씬님 채널 등 6 개 채널 운영	이사배, 리얼리사배 등 2개 채 널 운영
퍼스널 브랜드 강화	멘토링 특강, 토크콘서트, 뷰티 페스티벌 참가, 〈랜선 라이프〉 출연	메이크업 강사, 메이크업 아티 스트 겸 방송 PD 활동, 〈라디오 스타〉 출연

품사용 경험으로 사용하는 제품에 대한 객관적 평가와 비교 가
능하여 솔직하고 신뢰성 있는 정보를 전달한다. 업로드된 메
이크업 콘텐츠 영상은 콘셉트에 적합한 BGM, 배경, 효과음, 특
수효과 등을 적절히 활용하여 영상구성의 완성도를 높여 나가
고 있다. 이사배는 뛰어난 메이크업 테크닉을 구사하며 신뢰성
있는 뷰티 크리에이터로서 자신의 확고한 포지셔닝을 잡아가고
있다.

(2) 브랜드 확장

유튜브 채널인 〈씬님〉을 비롯해 다이아TV에서 운영하는 〈씬
기록〉, 다이어트 채널인 〈thin님〉, 〈Behind 씬님〉, 여기에 씬님
회사의 직원이자 유튜브 영상을 같이 제작하는 일원인 세림과

박피디의 개인 채널까지 총 6개의 채널을 운영하고 있다. 뷰티 콘텐츠는 언어적 장벽도 덜하고, 트렌드 메이크업 영상을 많이 올려서 브랜드 확장에 유리한 점이 있다.

평균 10~15분 되는 영상을 평균 2~3일에 한 개 업로드한다. 다른 뷰티 유튜버들이 평균 1주일에 한 개를 업로드한다는 점을 상기하면 접근성 면에서도 확실하게 우위를 점하고 있다.

유튜버 크리에이터인 씬님은 뷰티 콘텐츠 부분에서 영향력을 갖게 되어 자신의 본래 채널을 유지하면서 페이스북이나 인스타그램과 같은 서브 플랫폼을 추가적으로 활용하고 있다.

이색 화장법으로 유명한 그는 인기의 여세를 몰아 TV출연을 통하여 자신의 브랜드를 확장시켰다. '성형화장 콘셉트'로 〈스타킹〉, 〈화성인 바이러스〉 등에 출연했고, 〈랜선 라이프〉에 출연하여 아이돌 메이크업에 도전하였다.

뷰티 크리에이터 씬님은 자신의 콘텐츠를 화장품 회사와의 협업을 통하여 제품 출시와 방송을 동시에 진행하는 마케팅을 진행하고 있다. 씬님은 화장품 광고주들이 가장 선호하는 크리에이터이자 화장품업체들이 신제품 출시 행사에 초대하고 싶은 1순위 스타이기도 하다.

그녀는 국내 최초 뷰티 페스티벌 '겟잇뷰티콘'에 크리에이터로 참가하여 관객들을 대상으로 직접 메이크업을 시연했고, CJ와 함께 '뷰티인미'라는 앱을 론칭하기도 하였다.

최근에는 멘토링 특강, 토크콘서트, 음악공연 등에 참여하여 꿈과 도전의 의미를 전달하는 청소년 멘토로서 활동하고 있다.

반면, 이사배는 인터넷방송에서 지상파 MBC 〈라디오 스타〉

로 진출하여 온라인 스타가 레거시 미디어로 진출하는 방식을 선택하였다. 2018년 4월 11일에 뷰티 크리에이터 최초로 〈라디오 스타〉에 출연하여 방송에 등장한 직후부터 반나절 이상 포털 사이트 실시간 1위를 유지하였다. 또한 2018년 10월 OCN 최초의 브랜딩 행사 '스릴러 하우스'에 참가하여 '악마' 콘셉트의 메이크업을 선보였다. 그는 각종 라디오 방송과 케이블TV에 출연하며 뷰티 크리에이터로서 지명도를 높이고 있으며, MBC에서 특수분장일을 한 경험을 살려 메이크업 강사와 아티스트로 활동하는 등 브랜드 영역을 확장하고 있다.

이사배는 주로 데일리 메이크업 튜토리얼, 연예인 커버 메이크업, 분장&아트, 웹툰&애니 메이크업을 진행하고 있으며, 각종 뷰티 토크쇼나 론칭쇼에 참가하고 있다.

이사배는 6개 채널을 가동하는 씬님과 달리 유튜브에 2개 채널만 운영하고 있다. 메인 채널 〈이사배〉는 커버 메이크업과 메이크업 기술을 주로 소개한다면 자매 채널 〈리얼리사배〉는 해외여행과 그녀의 일상의 소소한 즐거움을 전달하고 있다. 2018년에는 자신의 이름을 건 '이사배아트'라는 비디오 제작 회사를 차리는 등 브랜드를 활용한 사업 확장에 주력하고 있다.

4) 〈캐리와 장난감친구들〉: 키즈 콘텐츠

(1) 브랜드 관리 현황

캐리언니는 〈캐리와 장난감친구들〉의 주인공으로 '캐통령'이라 불리며 기세를 몰아치고 있다. 캐리소프트가 운영하는 유튜

[그림 4-2] 〈캐리와 장난감친구들〉 캐릭터 주인공 캐리, 엘리, 캐빈.
(장소: 서울 여의도 IFC몰 캐리키즈카페)

브 채널만 14개, 구독자 수는 370만 명에 육박한다. 대표 채널인 〈캐리TV〉에서 198만 명의 구독자를 보유하고 있고, 〈CarrieTV Play〉, 〈CarrieTV Books〉, 〈엘리가 간다〉 등 14개 채널을 보유하고 있다. 캐리언니는 유튜브 영상을 기반으로 뮤지컬, 모바일 게임, 키즈카페, 완구사업에서도 적극적인 OSMU(One Source Multi Use) 전략으로 영역확장을 시도하였다.

캐리소프트는 유튜브 영상을 기반으로 성장하였다. 성장의 시작은 캐리언니였다. 부모와 아이들도 캐리소프트의 영상을 배우가 영상에 나와 장난감을 소개하거나 놀이공간을 탐방하는 콘텐츠에 빠져들기 시작하였다.

〈캐리와 장난감친구들〉의 주인공 3명은 독특한 매력을 갖고 있어 수백만 명의 어린이들의 마음을 사로잡았다.[3] 먼저 주인공 캐리(Carrie)는 장난감을 좋아하는 5살짜리 꼬마 숙녀이다. 꼬마 숙녀 '캐리'는 예쁜장한 외모에 엉뚱발랄한 면도 있고 승부욕도 강한 왈가닥 성격을 갖고 있다. 장난감 가게를 운영하는 부모님 덕분에 그녀는 장난감과 재미있게 노는 법을 잘 알려 줄 수 있고 말재주도 있다. 캐리의 친구인 '캐빈'은 동그란 바퀴를 좋아하는 5살짜리 허당 꼬마로 나온다. '엘리'는 세상에서 독서를 가장 좋아하는 도도한 친구로 3총사 중 똑순이 역할을 맡고 있다.

캐리소프트가 2017년 캐리언니 교체 사태로 학부모와 어린이들의 항의로 장남감 친구들의 인기가 하락했으며, 매출에도 큰 타격을 주었다. 주인공 '캐리'로 인기를 모았던 강혜진 씨가 캐리소프트를 퇴사한 후, 비슷한 콘텐츠로 독립해 활동하면서 캐리소프트와 갈등을 빚기도 하였다.

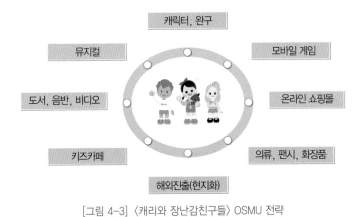

[그림 4-3] 〈캐리와 장난감친구들〉 OSMU 전략

---

3 주인공 캐릭터는 동양적 유교문화권의 전통을 입혀 캐릭터마다 엄마, 아빠가 있도록 했고, 가족끼리 서로 사랑해야 한다거나 친구끼리 우정 있게 지내야 한다는 내용을 담고 있다.

이런 악재를 겪은 이후 캐리소프트는 장난감 제작 및 판매, 모바일게임 제작 등으로 수익 모델 다각화에 나서고 있다. 캐리소프트는 캐릭터 IP를 활용한 비즈니스 전략을 중심으로 사업을 다각화하면서 브랜드 확장에 나서고 있다.

(2) 브랜드 확장

캐리소프트는 캐릭터 비즈니스 기업이다. 유튜버처럼 인지되는 배우가 영상에 등장하지만 그 기반에는 캐릭터가 있다. 1대 캐리언니를 연기한 배우 강혜진 씨가 급작스럽게 퇴사했을 때 2대 배우를 빠르게 내세워 안정화할 수 있었던 이유도 여기에 있다.

캐리소프트는 캐리 언니라는 캐릭터로 공연(뮤지컬), 장난감 유통과 판매, 라이선스 사업('캐리앤키즈 카페' 오픈), IPTV VOD 서비스, 중국 동영상 플랫폼 유쿠 및 아이치이 진출 등 OSMU를 적극 활용하고 있다. 이런 OSMU 전략이 캐리소프트를 글로벌 키즈 콘텐츠 기업으로 성장하게 하는 원동력이 되고 있다.

먼저 캐리소프트는 장난감 유통과 판매에 뛰어들었다. 자회사 구로완구를 인수해 최근 본사에 합병하여 완구사업부로 개편하였다. 구로완구는 주로 캐리와 친구들 인형을 제작하고 있으며 인형 이외의 장난감은 대부분 협력사와 라이선스 계약을 맺고 외주제작을 하고 있다. 제품판매는 장난감 온라인 쇼핑몰 '캐리앤샵'에서 진행하고 있다. 캐리앤샵은 캐리와 장남감친구들 캐릭터를 기반으로 인형과 장난감, 의류, 문구류, 식기, 목욕용품, 화장품류 등을 판매하고 있다. 또한 게임 제작사 엔브로스와 함께 캐리 등 자사의 인기 캐릭터를 활용한 키즈 모바일 게임 '캐리 해피하우스'를 출시하였다.

회사측은 케이블TV, IPTV와 제휴하여 캐리 VOD 영상을 유료로 판매하고 있다. 2015년 12월부터는 VOD 시장에도 진출하여 SK브로드밴드와 가장 먼저 손잡고 유료 VOD 상품을 내놨다. SK브로드밴드에서 유료 콘텐츠 모델이 성공을 거두면서 KT와 LG유플러스에도 들어갔다. 올레TV는 2017년 9월 실시간TV 채널인 '캐리TV'를 개국하기도 하였다.

캐리소프트는 공연사업에도 뛰어들었다. 2016년 4월 뮤지컬 〈패밀리쇼! 캐리와 장난감친구들〉 공연을 시작하였다. 서울, 인천, 부산 등 전국 17개 지역에서 148차례 공연이 열려 유료 관객만 15만 명에 달하였다. 2018년부터 〈캐리TV 러브콘서트〉란 키즈팝 콘서트를 진행하고 있다. 이 공연은 꼬마 3총사 캐릭터 '캐리', '캐빈', '엘리'가 출연해 전문 댄서들과 K팝 스타일의 창작동요 13곡에 맞춰 춤과 노래를 선보이는 콘서트 형식이다.

캐릭터 라이선스 사업도 성과를 보였다. 2018년 3월 기준 약 440개 제품에 대한 라이선스 계약이 체결되었다. 어린이의 놀이공간인 키즈카페 사업도 확장하고 있다. 인천 청라 1호점을 시작으로 수원과 여의도 IFC몰에 캐리 키즈 카페를 열어 문화공간 사업도 넓혀 나가고 있다.

캐리소프트는 중국과 동남아시아 등에 현지화 전략으로 해외진출을 본격화하고 있다. 캐리소프트는 중국 상하이에 캐리소프트 상하이 스튜디오를 설립하고, 중국인이 중국어로 콘텐츠를 만들어 중국에 배포하는 현지화 전략을 추진하였다. 2016년 8월 중국판 유튜브인 유쿠와의 계약으로 중국 진출을 시작해 유쿠, 아이치이, 텐센트비디오에서 〈캐리와 장난감친구들〉 채널은 2년 만에 구독자 수 500만 명과 누적 조회 수 30억 뷰를 넘어섰다. 2018년 인도네시아, 러시아어로 된 채널도 유튜브에 개설하였다.

캐리소프트는 캐릭터를 기반으로 여러 사업을 다각화는 OSMU 전략을 구사하고 있다. 즉, 캐릭터와 연관된 아이들, 부모, 친구과 상호작용을 할 수 있는 키즈 콘텐츠를 만들어 2·3차 콘텐츠 소비자들이 캐릭터를 공감할 수 있는 캐릭터 비즈니스 생태계를 구축하는 것이 목표이다.

〈캐리와 장남감친구들〉은 유튜브 영상을 올려 어린이들이 공감하는 캐릭터에 빠져들게 하여 뮤지컬, 장난감, 콘서트, 키즈카페 등 부가상품을 소비할 수 있는 브랜드 인지도와 파워를 높여 나가고 있다.

캐리소프트는 자신의 사업 범위를 키즈 콘텐츠를 제작하는 MCN 사업자로 한정하지 않고, '아이들에게 행복을 제공하는 사업자'로 사업범위를 넓게 규정해 캐릭터사업, 영상사업, 완구사업, 온라인 쇼핑몰, 뮤지컬, 콘서트, 게임 제작까지 진출해 사업에 성공을 거둘 수 있었다.[4] 회사측은 단순히 아이들이 보는 콘텐츠를 넘어, 부모와 함께 즐길 수 있는 콘텐츠를 만들어 '종합콘텐츠 비즈니스 회사'로 변모하겠다고 밝혔다.

---

4 캐리소프트는 'make Kids Happy' 슬로건을 내걸고 아이들을 행복하게 하자는 목표를 위하여 보유한 캐릭터들이 아이들과 만날 수 있도록 하는 것이 자신의 역할이라고 강조하고 있다.

5) 〈단희TV〉: 시니어 크리에이터

(1) 브랜드 관리 현황

시니어 크리에이터가 가볍고 친근한 기획으로 유튜브에서 성공을 거둔 사례도 있다. 그 주인공은 부동산 재테크 전문가인 일명 '단희쌤'으로 불리는 이의상 씨이다.

이의상 대표가 브랜드로 사용하는 '단희(旦熹)'는 명리학자 서대원 선생님이 지어 주신 호로 아침에 떠오르는 태양처럼 세상을 밝고 환하게 비추라는 뜻을 지니고 있다. 단희 선생님은 '부동산을 이야기하지만 사람을 먼저 생각합니다'라는 슬로건처럼 부동산 재테크가 사람이 중심이 되어 사람들의 행복한 삶을 누리도록 도와주고 싶다는 의미에서 유튜브 채널을 개설하였다.

그는 40~50대 은퇴자 및 직장인이 타깃으로 부동산 재테크, 건강과 힐링, 1인 지식기업가로 사는 방법의 3가지를 중심으로 한 콘텐츠를 유튜브에 꾸준히 올리고 있다. 그는 40~50대를 위한 부동산 재테크와 1인 지식기업으로 채널을 차별화하여 은퇴후 안정적인 노후생활을 즐길 수 있도록 도움을 주는 콘텐츠를 제공하고 있다. 그는 40~60대 층에 맞는 콘텐츠가 무엇일까 고민했는데, 이들의 특징은 은퇴가 임박하여 부동산 재테크에 관심이 많다는 것을 알고 주제로 잡았고 밝혔다. 또 다른 하나는 1인 지식기업이다. 자신도 1인 지식기업을 했기 때문에 돈이 없어도 자기만의 지식과 경험을 가지고 홀로 설 수 있는 방법을 전달하고 싶었다고 하였다. 세 번째는 힐링으로 40~50대가 되면 마음이 많이 아픈데 그들에게 몸과 마음에 힐링이 될 수 있는 이야기를 전해 주고 싶었다.

그는 1994년 대학을 졸업하고 한국전력에 입사하여 인생을 평탄하게 살았으나 입사 10년 후 새로운 사업을 시작한 이후 사기로 10억 원의 빚을 졌고, 아내와의 이혼과 아버지가 혈액암 판정을 받는 불행을 겪었다. 영등포시장 쪽방촌에서 노숙자 생활을 하던 어느 날 그는 공용화장실에서 일본 사업가가 쓴 조그만 책자를 발견하고 그 책을 읽고 난 뒤 자신의 삶이 바뀌었다. 자신의 처지와 비슷한 일본 사업가가 마케팅으로 재기에 성공했다는 것을 읽고 그뒤로 마케팅과 부동산을 공부하여 수익형 부동산 전문가로 인정을 받았다. 그는 강연, 세미나, 컨설팅을 시작하여 은퇴를 앞둔 직장인들의 경제적 안정을 목표로 인생의 행복지킴이가 되고자 단희TV를 시작하였다.

〈단희TV〉 구독자는 그가 동영상을 올린 지 1년 6개월 만에 20만 명 수준에 도달했고, 누적 조회수도 1400만 명을 넘어섰다. 그의 콘텐츠가 인기가 있는 것은 50세 이상의 시니어 세대들의 공감을 받고 있는데다, 시니어들이 필요한 부동산 재테크, 건강, 힐링을 주제로 요점정리 자막을 올려서 쉽게 설명하는 방식이 눈에 쏙 들어오기 때문이다. 단희쌤 이의상 씨는 2018년 11월 50대 중년 유튜버로 구독자 10만 명 이상에게 수여되는 유튜브 실버 버튼을 받기도 했다.

단희쌤은 1인 기업가로서 저술, 동영상, 강연 등 여러 곳에서 수익을 벌어들이고 있으며, 유튜브에서만 1년에 9600만 원의 수익을 올리고 있다고 밝혔다.

(2) 브랜드 확장

단희쌤은 자신의 콘텐츠를 채널 상황에 맞게 블로그, 페이스북, 홈페이지, 유튜브 등으로 채널을 분화시키고 있다. 그는 부동산 사무실을 차린 이후 블로그 마케팅을 시작하여 고객을 확보하는 방법을 터득했고, 그 이후로 카페, 페이스북, 밴드, 인스타그램 등의 다양한 플랫폼을 활용해서 콘텐츠를 올렸다.

단희쌤은 2019년부터 온라인 교육 플랫폼을 시작하기 위해 준비 중이다. 부동산 재테크와 유튜버가 되는 방법, 1인 지식기업 관련 콘텐츠를 유료로 공급하는 것이 수익 모델이라고 밝혔다. 유튜버에게 콘텐츠 기획과 촬영법 등 기초적인 것을 알려드리고, 심화과정을 더 배우고 싶다면 온라인 플랫폼에서 배울 수 있도록 배려하는 플랫폼 사업을 진행하고 있다.

그는 1인 지식기업을 지식 콘텐츠 사업으로 확장하고, 저술 및 강연, 컨설팅을 아우르는 사업을 하겠다고 말했다. 1인 지식기업 가운데 자신이 알고 있는 경험, 노하우 지식을 콘텐츠로 만들어 온라인, 오프라인으로 유통시켜 다양한 사업 기회를 만들 수 있다고 설명하였다. 온라인은 유튜브, 인스타그램, 페이스북 등을 활용할 수 있고, 오프라인으로는 책을 쓰거나 강의, 컨설팅 작업을 진행할 수 있다.

단희쌤 이의상 씨는 1인 지식기업과 부동산 재테크 분야에서 40~50대를 중장년층을 대상으로 한 행복한 삶을 누리도록 도와주는 컨설턴트가 되겠다는 명확한 타깃과 장르로 시니어 크리에이터로서 확고한 위치를 잡아가고 있다.

6) K-크리에이터 : 한국문화를 전파하는 크리에이터

(1) 브랜드 관리 현황

K-크리에이터(K-Creators)는 한국문화를 세계에 알리는 외국인들로 K-컬처(K-Culture) 트렌드 전파를 선도해 나갈 1인 미디어 창작자를 의미한다. 대표적인 K-크리에이터로는 '메건 보웬', '영국남자', '다또아', '오빠 까올리', '밥먹자' 등이 있다. 미국인 영어강사인 메건 보웬은 미국인의 시각으로 한국의 문화를 전달하며 자신의 이름으로 만든 유튜브 채널 구독자 수는 73만여 명에 이른다. 영상에서 다루는 주제는 주로 젊은 층이 공감할 수 있는 K팝, 패션, 연애, 화장품 등이다. 현재 그는 아리랑TV 〈B CRUZE〉의 진행자와 〈EBS 생활영어〉를 진행하면서 한국문화나 한국 사람들의 생각을 외국에 알리기 위해 1인 방송을 제작하여 시청자를 사로잡았다.

〈표 4-3〉 해외에서 인기 있는 한류 동영상 채널

제작자	유튜브 조회수 (2019. 1)	내 용
메건 보웬	9797만 명	떡볶이 먹기 도전 등 한국인들의 일상에 대해 올리는 미국인
영국남자	7억 5883만 명	한국과 영국을 오가며 양국의 문화차이를 소개하는 영국인(한국 음식을 처음 먹어 본 외국인 반응을 담은 리액션 영상이 인기)
오빠 까올리	3984만 명	태국어로 다양한 한국문화 등을 소개
위시트렌드 TV	6301만 명	한국 화장품을 제대로 사용하는 법을 영어로 소개
밥먹자	3696만 명	캐나다인 '해피'와 영국인 '밥먹자'가 K팝 스타들의 유명영상을 따라하며 영어로 방송

영국인 조쉬는 유튜브 채널 〈영국남자〉를 개설하여 한국의 다양한 음식을 많이 소개하며 한국을 세계에 알리는 가교 역할을 하였다. 조쉬는 2013년 7월 유튜브 채널을 개설하여 첫영상으로 '한국말 잘하는 영국남자'를 올려 3일 만에 40만 뷰를 기록했고, 놀라운 반응에 고무되어 서양인들의 한국 음식 먹방과 한국 문화체험기, 해외 인기스타 인터뷰 등을 올리고 있다.

〈오빠 까올리('까올리'는 태국어로 한국이라는 뜻)〉는 태국에서 온 교환학생 김승범 씨가 동료들과 함께 유튜브를 통해 태국을 제대로 알리고자 만든 방송이다. 〈오빠 까올리〉 채널은 10~30대 여성이 주요 타깃이며, 유튜브 구독자 수만 47만 명을 보유하고, 한국과 태국 사이의 문화사절단 역할을 하고 있다. 〈오빠 까올리〉는 태국국영방송 ch3 〈반팔람4〉라는 프로그램에 초대받아서 출연했고, 태국 과자회사의 후원을 받는 등 태국에서 또 다른 한류 열풍을 일으키고 있다.

영국인 '밥먹자', 홍콩계 캐나다인 '해피'는 외국인들을 위해 〈We Fancy〉라는 유튜브 채널을 영어로 진행하고 있다. 그들은 주로 음식, 여행, 음악, 메이크업, 챌린지 등을 제작, 한국을 홍보하고 다양한 면을 보여 주기 위해 활약하고 있다. 밥먹자와 해피는 한국에 대한 에피소드를 담은 콘텐츠와 여행 쇼 채널까지 기획하며 아리랑TV와 KBS WORLD의 진행자로 활약하고 있다.

이밖에 베트남 아가씨 룸, 니 두 사람이 출연하는 〈코이TV〉, 독일 여자들의 한국문화 체험을 다룬 〈외국인 반응(에밀리, 멜리나)〉, 남아공의 유튜버 〈Lindie Botes〉가 한국문화와 한국어를 소개하는 유튜브 등이 한국문화를 전파하는 채널로 인기를 끌고 있다.

(2) 브랜드 확장

K-크리에이터들은 유튜브의 인지도를 바탕으로 예능, 교양 프로그램 등 TV 진출이 활발해지고 있다. 이들은 영어강사, 아리랑TV 진행자, 강연자, CF 출연 등으로 활동영역을 넓혀 가고 있다.

'메건 보웬'은 EBS 생활영어 강사로 활동하고 있으며, '밥먹자'와 '해피'는 아리랑TV와 KBS WORLD의 진행자로 '영국남자'는 지난 2015년에 한국관광공사 CF에 출연하였다.

구독자 300만 명을 보유하고 있는 유튜버 '영국남자' 팀은 2019년 세계 경제·금융 컨퍼런스에 강연자로 나섰고, KBS 〈해피투게더4〉에 출연하여 할리우드 배우들의 남다른 한식 사랑을 공개해 이목을 집중시켰다. '영국남자' 조쉬는 한국관광공사의 CF에 출연하여 한국의 여행지와 트렌드를 소개하기도 하였다.

K-크리에이터들은 '1인 마켓' 활동영역을 넓히며 홈쇼핑, 팝업 스토어 등 다양한 마케팅 활동을 전개할 것으로 예상된다. 앞으로 K-크리에이터는 자체가 하나의 브랜드가 되어 소비문화를 주도해 나갈 것으로 보인다. 실제로 '영국남자'의 조엘은 한식 브랜드 '비비고'를 시식하며 K-FOOD 체험기회를 알렸고, '영국남자' 팀이 롯데칠성음료 '립톤 아이스티'와의 브랜디드 콘텐츠를 제작하였다. 립톤 아이스티와 피쉬앤칩스의 음식 궁합을 다룬 해당 영상은 공개 10일 만에 60만 조회수를 기록하며 누리꾼들

의 높은 관심을 받았다.

영국남자가 밝힌 유튜버 성공비결은 영국인들이 바라보는 한국문화에 대한 솔직한 반응을 담아 영국문화와 한국문화의 브리지 콘텐츠를 제작하는 것이며, 시청자가 재미있을 만한 소재를 찾고 새로운 출연진을 등장시켜 채널을 계속적으로 혁신하는 것이라고 손꼽았다.

독일 여자 에밀리와 멜리나가 출연하는 〈외국인 반응〉은 한국 음식, 여행, PC방 경험, K-POP, 손흥민 독일어 반응 영상을 소개하며, 독일과 한국 문화를 비교하는 콘텐츠로 인기를 끌고 있다. 에밀리와 멜리나는 JTBC 예능 프로그램 〈스테이지K〉에 출연하여 K-POP 커버댄스를 선보였다. 멜리나는 독일인에게 K-POP 댄스를 직접 가르치고 있고, 대학생 에밀리도 카페에서 아르바이트를 하며 K-POP 노래와 춤을 즐긴다고 밝혔다.

미디어 브랜드의 발전 방향

미디어 브랜드의 발전 방향

1. 성공적인 미디어 브랜드 구축을 위한 제언

레거시 미디어나 뉴미디어 기업은 브랜드 파워를 구축하기 위해서 서로의 약점을 보완하며 상호 공존하는 방향을 모색할 것이다. 레거시는 레거시의 영역으로 뉴미디어는 뉴미디어의 영역으로 평행선처럼 공존할 것이다. 레시거는 보편적 킬러 콘텐츠를 지속적으로 만들어 내고, 뉴미디어가 틈새시장을 노리는 니치 콘텐츠가 공존하는 양태가 될 전망이다. 다만, 레거시의 불안은 독과점이었던 자신들의 영역이 분산되었다는 점에 기인하고 있다. 미디어의 장점이 분산되면 자연히 매체가 갖는 파워는 줄어들 수밖에 없고, 이는 광고시장에도 영향을 끼친다. 그 광고들이 새로운 미디어 영역으로 이동하지만, 새로운 미디어가 명확한 광고효과에 대한 확신을 주기에는 과도기라 할 수 있다. 더구나 비슷한 콘텐츠가 쏟아져 나오면서 콘텐츠 자체만으로도 버거운 경쟁을 해야 하는 것이 뉴미디어의 어려운 현실이다. 뉴미디어가 익숙한 새로운 세대들의 확산 속에 미디어 업체들은 콘텐츠와 비즈니스라는 양립하는 두 개의 숙제를 풀어야 한다. 여기에 상대적으로 안정적인 경영구조를 가지고 있는 레거시 미디어가 '고도화'와 '다각화'를 앞세워 영역을 성공적으로 확장해 갈 경우에는 기존 스타트업, 뉴미디어로써는 더욱 힘겨운 싸움을 해야 할 것이다.

이와 같은 미디어 생태계의 변화 속에서 스마트 미디어 시대에 합당한 성공적인 미디어 브랜드 관리를 위해서 몇 가지 제언을 하고자 한다.

1) 미디어 시장에서 경쟁의 범위를 넓게 규정하고, 여가시간을 가지고 경쟁하는 다른 오락거리와의 관계에 대해 고려해야 한다

지상파 방송사는 경쟁범위를 다른 지상파 방송사와 케이블TV에서 시청률이 높은 tvN이나 JTBC 등 5~6개 사업자를 경쟁자로 생각한다. 지상파 방송사는 방송서비스업이라는 1차적 경쟁만 고려할 뿐 보다 폭넓게 동일한 서비스를 제공하는 인터넷 방송사나 1인 크리에이터를 경쟁자로 포함시키지 않는다. 시청자에게 주어진 가용시간을 빼앗는 무수한 매체와의 경쟁을 고려하지 않기 때문이다. 시청자의 시간은 한정된 24시간뿐이고, 그 안에서 방송을 시청하는 시간은 고작 하루 2~3시간에 불과하다. 요즈음 방송 이외에 여행, 쇼핑, 게임, 영화 등 오락거리는 무궁무진하다. 지상파는 보다 넓은 의미로 시청자의 관심사나 취미, 여가시간을 경쟁적으로 노리는 모든 미디어 및 오락 제공업체를 경쟁자로 볼 수 있을 것이다.

이와 같이 지상파 방송사들이 동일한 효용을 제공하는 다른 기업과의 경쟁을 인식하지 못하고 시청자의 요구를 망각하는 현상을 '마케팅 근시(marketing myopia)'라고 한다.

마케팅 근시를 주장한 하버드 경영대학 시어도어 레빗은 제반 사업활동의 핵심업무로 사명을 개념정립하고, 지상파가 다른 오락거리(즐거움)를 제공하는 OTT, 1인 크리에이터, 게임 등 경쟁을 인식해야 한다.

그는 근시안적이고 생산지향적인 산업에 대한 정의를 지양해야 한다고 주장하면서 산업에 대한 정의를 내릴 때 내일의 경쟁자가 될지도 모르는 현재 경쟁자 생산 이면의 모습을 살펴보라고 강조해 왔다.

지상파 방송사들이 마케팅 근시에 빠지지 않고 경쟁력을 갖추려면 시청자(소비자)의 기본적인 효용에 초점을 맞추어 경쟁에 뛰어드는 신규 진입자를 감시하고 대체재가 주는 위협을 인식하는 것이 가장 중요한 사명일 것이다. 1960년대 할리우드가 그들이 속한 산업을 영화지향적이 아니라 오락지향적으로 생각하는 마인드가 있었다면 마케팅 근시에 빠지지 않고 고객의 욕구에 대응하여 새로운 사업에 진출하여 성공을 거둘 수 있었을 것이다.

지상파 방송사뿐만 아니라 다른 방송사업자들도 자신의 관련 사업범위를 방송산업으로 좁게 규정하지 말고, 내일의 경쟁자이자 대체재가 될지도 모르는 오락사업으로 넓게 보고 시장을 분석할 수 있는 통찰력이 필요하다. 다시 한 번 마케팅 근시가 주는 교훈을 뼈저리게 가슴에 새겨야 한다.

2) 스마트 미디어 시대에 걸맞는 '버티컬 브랜드'로의 확장이 필요하다

버티컬 브랜드는 기존 레거시 미디어가 전문성 차원에서 특정 분야를 따로 떼어내 더 깊게 파고드는 서브 브랜드를 의미한다. 모기업의 미디어 브랜드가 가졌던 콘텐츠의 소재나 형식에서 벗어나 새롭고 자유로운 실험적인 콘텐츠를 시도해 보는 것이 버티컬 브랜드의 매력이다.

SBS의 〈스브스뉴스〉나 JTBC 〈소셜스토리〉, KBS의 〈고봉순〉과 같이 방송사들의 별도 브랜드 도입에는 SNS와 모바일 환경에 맞춰 새롭게 포지셔닝한다는 공통점이 있다. 그만큼 수용자 층이 분절화되고 세분화되면서 거기에 맞는 멀티미디어 브랜드가 필요해졌다.

이러한 브랜드는 기존 레거시 미디어가 디지털 분야에서 모브랜드를 확장시키려는 차원에서 세분화된 특정 계층에게 전문화된 콘텐츠를 소구하게 된다. 디지털 미디어 환경에서 버티컬 브랜드는 수용자들의 욕구를 충족시키고 기존 레거시 미디어의 이탈을 방지하는 수단으로써 젊은 수용자들과 접점을 찾으려는 전략적인 선택이라고 할 수 있다. 레거시 미디어는 디지털 시대의 흐름에 맞춰 온라인 세상에 콘텐츠를 올려서 젊은 수용자를 끌어들이고, 기존 TV 콘텐츠를 보게 유인하는 전략으로 여전히 막강한 영향력을 유지하려는 의도이다.

지상파방송은 기존 레거시 미디어에 안주하지 말고, 젊은 수용자를 끌어들일 수 있는 보다 전문화된 버티컬 브랜드로써 분화를 계속함으로써 브랜드 관리의 필요성을 대두시켰다고 할 수 있다. 버티컬 브랜드는 레거시 미디어들이 모바일 기반의 새로운 플랫폼에서 살 길을 모색하는 수단이 되고 있다. 콘텐츠를 쉽고 재밌게 전달함으로써 기존 TV에서 이탈하는 시청자(이용자)를 붙잡아 두려는 의도이다.

우리나라의 레거시 미디어들은 메인 브랜드 중심주의가 강하고, 브랜드 확장전략만이 살길이라고 생각하고 아류 채널을 새롭게 만들려는 경향이 강하다. 디지털 시대에서 브랜드 확장에 전력을 투자하기보다는 계층별 시장세분화를 통하여 이용자에게 어필할 수 있는 서브 브랜드를 키우는 전략이 효과적일 것이다.

브랜드는 미디어가 가진 최후의 자산이자, 가장 견고한 토대이다. 디지털 시대에 맞게 버티컬 브랜드를 확장하고 강화하는 것이 지상과제이다.

3) 디지털 브랜드는 브랜드를 지속적으로 혁신하거나 무한 베타 버전으로 업그레이드를 해야 한다

채널 브랜드 전문가들은 브랜드에도 수명이 있다고 지적한다. 그 수명은 브랜드의 특성에 따라 다양하지만 보통 2~4년으로, 이 기간이 지나면 브랜드의 재조정이나 개발이 필요하다는 것이다. 디지털 미디어 환경으로 변하는 만큼 브랜드도 바뀌어야 하기 때문에 시청자들의 변화하는 태도와 기조에 맞춰 나가야 한다. 디지털 시대에 소비자의 구매방식이 완전히 달라졌다. 제품을 소유하는 것보다 구독으로 성과를 누리는 것을 중요하게 여기며, 표준형보다 맞춤형을 선호하고, 계획적 노후화보다 지속적인 개선을 원한다. 그렇기 때문에 버티컬 브랜드는 계속 혁신을 추구하며 무한 베타 상태를 유지하는 것이 유리하다. 시청자의 말을 경청하면서 꾸준히 수정, 보완, 개선해야 혁신을 이뤄낼 수 있다.

실제로 20대를 타깃으로 한 SBS 〈스브스뉴스〉는 자세한 정보를 알려 주는 〈스브스스토리〉, 강의나 문답식 형식의 〈스브스출동〉이라는 스핀오프 브랜드로 끊임없이 실험하고 있다.

CBS의 〈씨리얼〉은 세상의 일상을 친구들이 공유할 만한 콘텐츠로 제작하여 성공을 거둔 이후 혼자 사는 1인 가구 생활에 초점을 맞춘 〈자취인류〉라는 스핀오프로 확장하며 브랜드를 혁신하고 있다.

그렇기 때문에 정기적인 브랜드 진단을 토대로 디지털 브랜드를 강화하거나 재활성화할 수 있다. 미디어 기업도 디지털 브랜드를 업그레이드해서 무한 베타 버전으로 가야 한다. 즉, 버티컬 브랜드는 영원한 베타를 행하여 끊임없이 실험해서 브랜드를 혁신하는 노력이 필요하다.

4) OTT 통합 브랜드는 자신의 위치를 어디에 포지셔닝하는지를 결정하는 것이 성공의 갈림길이다

리드 헤이스팅스(Reed Hastings) 넷플릭스 최고경영자는 "우리는 앞으로 20년 동안 매년 '선형적인 TV(linear TV)'가 쇠퇴하고 인터넷TV가 성장하는 모습을 보게 될 것"이라고 주장하였다. 그가 경영하는 넷플릭스가 TV방송을 누르고 앞으로 '코드리스(cordless)' 시대를 열어가며 TV의 대체재가 되겠다는 자신감 있는 발언이다.

그럼 넷플릭스와 같은 글로벌 공룡사업자를 견제할 만한 국내 OTT 사업자가 있을까? 국내 사업자들은 OTT 사업 부문에서 각개전투를 벌이다 2019년 1월 푹-옥수수 통합법인이 출범하였다. 푹은 지상파와 종편채널 콘텐츠를 배급하면서 자사 콘텐츠 중심의 서비스를 진행하였다. SK브로드밴드의 옥수수는 실시간 방송 채널, 17만 편의 영화, 드라마 VOD를 보유한 모바일 동영상 플랫폼으로 가입자만 1000만 명에 이른다.

정체기에 접어든 푹은 옥수수와의 통합으로 수많은 가입자를 확보하고 안정적인 망을 확보했으며, 옥수수는 지상파의 막강한 콘텐츠를 확보하여 사업자 간 이해관계가 맞아떨어졌다. 푹과 옥수수의 공동 연합체계 구축이 서비스 효율성과 안정된 비즈니스를 동시에 구현하여 넷플릭스의 대항마로써 효과적으로 공동 대응할 수 있고, 아시아 시장 진출의 유리한 교두보를 마련할 수 있다.

넷플릭스에 대항하기 위해서 푹-옥수수 연합 브랜드가 힘을 모아 토종 OTT 연합을 결성하여 규모의 경제 실현 및 해외 사업자의 대항마로 키울 그랜드 플랫폼으로 출범한 것은 긍정적으로 평가할 만하다. 이는 OTT 경쟁력으로 오리지널 콘텐츠가 핵심으로 꼽히면서 OTT업계에 콘텐츠 제휴 또는 통합 플랫폼의 필요성이 나오고 있는 것과도 무관하지 않다.

옥수수-푹 통합법인이 아시아 시장에서 가능성 있는 한류 콘텐츠로 승부를 걸어 아시아 한류전파의 핵심 온라인 유통 서비스로 자리매김해야 한다.

따라서 OTT 통합 브랜드가 성공하려면 유료방송시장의 넥스트(NEXT) 플랫폼이 되어야 한다.

우선, 공급자 측면에서 모바일 OTT 서비스의 경우 앱의 설치로 접근성을 높일 수 있고, 서비스 이용 데이터를 통해 이용자에 대한 빅데이터 확보로 수익 모델을 개발할 수 있다는 장점이 있다.

이용자 측면에서는 동영상 콘텐츠의 배급 모델이 광고기반의 무료에서 구독자 기반의 유료로의 전환이 용이하고, 프리미엄 콘텐츠로 이용자들을 플랫폼에 가둠으로써 유료 사용 경험을 늘릴 수 있다. 이용자들은 온-디맨드(On-Demand) 소비를 선호하고, 월정액 구독형 서비스를 더 선호하기 때문이다.

이런 조건을 바탕으로 OTT 통합 브랜드는 오리지널 콘텐츠의 제작능력이나 유통망 구축, 가입자 확보를 위한 수익 모델 개발 등에 집중해야 할 것으로 보인다.

5) 1인 미디어는 퍼스널 브랜드로 계속 성장할 것인가

1인 미디어(크리에이터)는 레거시 미디어가 다루지 않는 다양한 주제를 다루고 콘텐츠의 참신성과 독특함으로 무장하여 사람들의 관심사와 취향을 담아낼 수 있었다. 그동안 외면받던 개인의 취향을 세분화하여 이를 겨냥한 콘텐츠를 제작, 틈새시장을 공략하였다. 이러한 1인 미디어 시대가 도래함에 따라 크리에이터들이 게임, 토크, 키즈, 뷰티 등 다양한 유형의 콘텐츠를 제작하거나 유통하였다. 크리에이터 생태계가 눈부신 성장과 통제하기 어려운 위기를 겪으면서 수백만 명의 구독자를 거느린 인기 크리에이터가 등장하였다. 이 크리에이터들의 영향력과 인기도는 구독자 수, 수익, 누적 조회수 등 다양한 기준으로 판단할 수 있다.

유명 크리에이터는 자신의 매력이나 장점을 유튜브에 알리면서 퍼스널 브랜드로 자리 잡았다. 실제 대도서관은 게임 크리에이터로서 자신의 브랜드 파워를 갖게 되자 수많은 투자자가 몰려들었다. 그러나 그는 투자자에게 휘둘리지 않고 대도서관이라는 1인 브랜드의 가치를 지켜 나갔다. 결국 인기 크리에이터가 자신의 명성을 높이고 유지하려면 경제적 가치에 매몰되어서는 안 된다는 교훈을 준 사례이다. 크리에이터가 자신의 퍼스널 브랜드를 유지하려면 소비자가 원하는 것이 무엇인지, 무엇으로 소비자에게 보답할 것인지를 살피고, 브랜드 유지를 위해 콘텐츠를 지속적으로 생산해야 한다. 크리에이터가 자신의 브랜드를 확장하려면 일단 한 분야에서 전문가의 위치를 확보한 다음 자신의 브랜드 이미지와 적합한 영역으로 확장해야 한다. 크리에이터의 매력이나 장점을 퍼스널 브랜드 특성으로 전이시킬 수 있다면 콘텐츠 수익은 물론 간접광고, 라이선싱, 출연료, 브랜디드 콘텐츠 등 마케팅 수익도 늘어날 수 있다.

현재 크리에이터 문제로는 욕설이나 혐오발언, 선정성과 폭력성을 담은 콘텐츠, 비상식적인 행위, 몰래카메라, 팬들과 스캔들, 돈으로 구독자를 조작하는 방법 등이 있다. 사실상 1인 미디어가 퍼스널 브랜드로 지속적으로 성장하려면 크리에이터 자신의 자정노력이 필요하지만 더 나은 콘텐츠, 질 높은 콘텐츠, 이용자 중심의 콘텐츠를 만들어 구독자를 모으는 전략이 요구된다. 그러면 크리에이터가 구축한 퍼스널 브랜드가 망할 일은 절대 없을 것이다.

2. 맺음말

과연 미디어 브랜드는 사라질 것인가? 소위 말하는 레거시 미디어인 지상파와 케이블TV는 하루아침에 사라지지 않을 것이다. 단지 레거시 미디어는 급격하진 않지만 서서히 쇠퇴할 것이다. 미디어 환경의 개인화, 디지털화로 시청자들의 욕구가 세분화되고, 매체분화가 가속화되는 상황에서 레거시 미디어는 구조적으로 축소될 가능성이 높다. 누가 변화의 속도에 발맞춰 미디어 브랜드를 혁신하고 시대의 흐름을 발빠르게 대처하느냐에 따라 레거시 미디어의 위상은 달라질 것이다.

찰스 다윈은 『진화론』에서 "살아남는 것은 가장 강한 종도, 가장 똑똑한 종도 아니다. 그것은 변화에 가장 잘 적응하는 종이다"라고 말했다. 디지털시대에 레거시 미디어 기업들은 '적자생존(適者生存)'을 위하여 브랜드 혁신을 통하여 빠르게 적응하는 능력을 길러야 한다.

기존 레거시 미디어들은 브랜드 확장전략(버티컬 브랜드)을 통하여 시청자들을 자신의 브랜드 안에 묶어두는 전략을 펴고 있고, 개별 브랜드인 1인 미디어들은 레거시 브랜드가 충족시켜 주지 못하는 이용자의 욕구를 파고드는 틈새전략을 펼치며 서로 공존하는 방향으로 발전하고 있다.

레거시 미디어는 디지털 분야에서 버티컬 브랜드로 확장하며 기존 시청자의 이탈을 방지하는 수단으로써 젊은 수용자들과 접점을 찾으려는 전략적인 선택을 하고 있다. 미디어 기업은 새로운 기술 도입과 새로운 형태의 경쟁, 수용자 행동의 변화에 따라 젊은 세대를 타깃으로 한 새로운 브랜드를 개발하여 미디어 환경변화에 대응해야 한다. 레거시 미디어는 예능 프로그램 〈랜선 라이프〉나 〈마이 리틀 텔레비전〉처럼 자신의 영역에 1인 크리에이터를 포섭하는 전략을 사용하며 뉴미디어 형식을 적극 도입하였다. 또한 레거시 미디어는 전달자와 수용자 사이에 상호작용이 취약하다는 약점을 보완하고, 스토리텔러로서 1인 크리에이터를 끌어들여 시청률과 관심도를 높여 나갔다.

이제 레거시 미디어를 대체할 온라인 동영상 서비스(OTT)와 모바일 플랫폼, 글로벌 플랫폼 등 수많은 플랫폼이 존재하고, 시청자의 시간을 쟁취하려는 매체가 많아지는 만큼 선택받는 미디어 브랜드가 되기 위한 경쟁은 더욱 가속화되고 있다. 유튜브나 넷플릭스와 같은 글로벌 플랫폼은 물론 우리나라에서 IPTV, 푹–옥수수 통합 OTT, 네이버TV, 카카오TV 등 온라인 기반의 플랫폼의 시장지배력은 더욱 강화될 것이다.

플랫폼 내 콘텐츠 전쟁이 시작되고, 온라인에 최적화된 '프리미엄 콘텐츠'의 선호도가 높아질 것이다. 어떤 사업자가 온라인 플랫폼에서 오리지널 스토리를 만들고 문화적 할인율이 낮은 엔터테인먼트(키즈, 뷰티, 게임, 먹방)를 제공하느냐에 따라 TV를 대체할 수 있는 미디어로 진화할 수 있을 것이다. 온라인 플랫폼에서 TV 프로그램을 시청한 사람들이 실물 TV를 통해 해당 프로그램을 시청할 확률이 높아지고 있다. 온라인 플랫폼은 TV로 갈 수 없는 사람들에게 쉬운 길을 제공해 주는 통로 역할을 한다. TV 프로그램이 글로벌 플랫폼에 유통되는 만큼 프로듀서들이 새로운 시장을 개척하는 발판으로 삼아 포맷 판매나 해외 판권 수출의 계기를 마련할 수도 있을 것이다.

온라인 플랫폼이 오프라인의 TV 콘텐츠를 끌어들여 유통창구를 확대하는 수단이 되고 있으며, 10분 미만의 짧은 형식으로 모바일에 최적화된 스토리텔링 콘텐츠도 즐길 수 있게 되었다. 이용자들이 적극적인 생산 주체성을 갖게 만드는 콘텐츠야말로 수용자 중심의 콘텐츠이자 콘텐츠의 글로벌 확산에 가장 중요한 핵심이다.

레거시 미디어를 대신할 플랫폼이 일반화되면서 이야기를 듣고자 하는 사람들이 모여서 스토리텔링이 활성화되고 1인 미디어가 온라인, 모바일에서 주도권을 잡아가고 있다. 이들이 만들어낸 새로운 문법의 인터넷 오리지널 콘텐츠가 미디어업계의 새로운 바람을 일으킬 수도 있다. 이제 이용자들의 미디어 이용형태가 달라지는 만큼 시대적 변화의 흐름을 따라가는 미디어 브랜드만이 생존할 수 있을 것이다. 지속가능한 미디어 브랜드는 생산자뿐만 아니라 이용자가 콘텐츠를 생산하는 데 직접 참여하고 적극적으로 경험하는 측면에서 끊임없이 혁신적이고 확산되는 콘텐츠를 제공해야 할 것이다. 콘텐츠 이용자가 원하는 것을 이용자들이 원하는 방식으로 제공하는 것이 중요하며, 자체 미디어 브랜드에서 콘텐츠를 소비하고 유통시킬 수 있는 비즈니스 모델을 구축해야 한다.

글로벌 플랫폼 시대에 레거시 미디어와 소셜 네트워크 플랫폼이 공존을 통해서 다양한 형태의 콘텐츠 생산과 소비를 주도한다면 미디어 브랜드는 다시 새롭게 진화할 수도 있을 것이다.

참고문헌

1. 단행본 · 보고서 · 학위 논문

Al Ries & Jack Trout(2001). *Positioning: The Battle for Your Mind*. McGraw-Hill Education.

David A. Aaker(1991). *Managing Brand Equity*. New York: Free Press.

James Walker & Douglas Ferguson(1998). *The Broadcast Television Industry*. Boston, MA: Allyn and Bacon.

John Dimmick & Eric Rothenbuhler(1984). The Theory of the Niche: Quantifying Competition Among Media Industries. *Journal of Communication*, Volume 34, Issue 1.

J. Dimmick, J. C. Feaster, & G. J. Hoplamazian(2010). *News in the Interstices: The Niches of Mobile Media in Space and Time*. New Media & Society.

Philip Kotler(1994). *Marketing Management*, 8th ed. Prentice Hall.

Scott M. Davis(2000). *Brand Asset Management*. Jossey-Bass. Inc.

Steven Livingston(1997). Clarifying the CNN Effect: An Examination of Media Effects According to Type of Military Intervention. John F. Kennedy School of Government's Joan

Shorenstein Center on the Press, Politics and Public Policy at Harvard University.

T. M. Todreas(1999). *Value Creation and Branding in Television Digital Age*. Westport, CT: Quorum Book.

강일권 외(2017). 『대중문화 트렌드 2018』. 서울: 마리북스.

과학기술정보통신부·방송통신위원회(2018). 『2017년 방송산업 실태 조사 보고서』. 서울: 진한엠앤비.

김대호·심용운·최준호 외(2013). 『콘텐츠』. 서울: 커뮤니케이션북스.

김영석 외(2015). 『스마트미디어』. 파주: 나남출판.

김유경·이선엽·허웅 공저(2018). 『디지털 시대의 브랜드 이해』. 서울: 한경사.

김정구 외(2018). 『2019 트렌드 노트』. 서울: 북스톤.

노기영(2009). 『방송산업과 경쟁』. 서울: 한울아카데미.

노동렬(2015). 『방송산업의 비극』. 서울: 부키.

대도서관(2018). 『유튜브의 신』. 서울: 비즈니스북스.

미디어오늘(2018). 『저널리즘의 미래』. 서울: 미디어오늘.

박주연·박수철(2017). 「TV방송과 인터넷 개인방송의 보완과 대체에 관한 연구」. 『한국정보사회학회』, Vol.18, No.1.

방송통신위원회(2017). 『2017년도 방송시장경쟁상황평가』.

손대현 편저(2004). 『문화를 비즈니스로 승화시킨 엔터테인먼트 산업』. 서울: 김영사.

손일권(2003). 『브랜드 아이덴티티』. 서울: 경영정신.

스마트미디어연구포럼(2014). 『스마트미디어의 이해』.

신철호 외(2005). 『브랜드 경영』. 서울: 서울경제경영.

안광호·한상만·전성률 공저(2003). 『전략적 브랜드관리』. 서울: 학현사.

윤홍근(2009). 「채널브랜드 개성유형과 영향요인에 관한 연구」. 한국외국어대교 대학원 박사학위 논문.

윤홍근(2011). 『채널 브랜드 전략(개정판)』. 서울: 커뮤니케이션북스.

윤홍근(2014). 『한국방송사』. 서울: 커뮤니케이션북스.

윤홍근(2015). 『문화마케팅 입문』. 서울: 지식의 날개.

윤홍근(2017). 『문화마케팅 트렌드와 사례분석』. 서울: 도서출판 청람.

윤홍근(2018). 『문화콘텐츠산업론(개정3판)』. 서울: 커뮤니케이션북스.

이영호(2018). 『돈 버는 유튜브 처음부터 제대로 만들기』. 서울: 혜지원.

이은영(2016). 『MCN 백만공유 콘텐츠의 비밀』. 서울: 참좋은날.

최원주·김홍규 공저(2005). 『브랜드 커뮤니케이션이다』. 서울: 커뮤니케이션북스.

KB금융지주경연연구소(2017). 『동영상 플랫폼의 절대 강자, 유튜브의 성장과 변화』.

KBS 방송문화연구소(2011). 『KBS해외방송정보』.

KBS 해외방송문화연구소(2010). 『2010 KBS 해외방송 Special Edition』.

KISDI STAT Report(2018). 『온라인 동영상 제공 서비스(OTT) 이용 행태 분석』. 정보통신정책연구원.

KISDI STAT Report(2019). 『밀레니얼 세대와 Z세대의 미디어 이용』. 정보통신정책연구원.

KOCCA 연구보고서(2015). 『방송영상 콘텐츠 유통 플랫폼 해외 사례 연구: OTT를 중심으로』. 한국콘텐츠진흥원.

KOCCA 연구보고서(2019). 『콘텐츠산업 2018년 결산 및 2019년 전망』. 한국콘텐츠진흥원.

KOCCA 포커스(2016). 『한류확산전략: 크리에이터, IP, 플랫폼, 자본』. 한국콘텐츠진흥원.

한국문화산업교류재단(2018). 『2017 한류백서』.

한국방송통신위원회(2017). 『2017년 방송매체 이용행태조사』.

한국방송협회(2018). 『방송문화』, 2018년 여름호.

한국언론재단(2017). 『2017 언론수용자 의식조사』. 서울: 한국언론재단.

한국언론재단(2018). 『2018 해외미디어 동향』. 서울: 한국언론재단.

한국언론진흥재단(2016). 『2016 해외미디어 동향』. 서울: 한국언론진흥재단.

2. 번역서

Al Lieberman(2002). *The Entertainment Marketing Revolution: Bringing the Moguls, the Media, and the Magic to the World.* 조윤장 역(2003). 『엔터테인먼트 마케팅 혁명』. 서울: 아침이슬.

David Aaker 외(1995). *Building strong brands.* 이상민·브랜드 앤 컴퍼니 역(2000). 『브랜드 경영-HBR시리즈 9』. 서울: 21세기 북스.

David F. D'Alessandro(2002). *Brand Warfare: 10 Rules for Building the Killer Brand.* 이수정 역(2002). 『브랜드 전쟁』. 서울: 청림출판.

Duane E. Knapp(2000). *The Brand Mindset: Five Essential Strategies for Building Brand Advantage.* 김재영·이은우 역

(2001). 『브랜드 마인드셋』. 서울: 비엘씨컨설팅.

J. Dimmick(2003). *Media Competition and Coexistence: The Theory of the Niche*. Mahwah, NJ: Lawrence Erlbaum Associates. 권상희 역(2005). 『미디어 경쟁과 공존』. 서울: 커뮤니케이션북스.

Mark Tungate(2005). *Media Monoliths*. 강형심 역(2007). 『세계를 지배하는 미디어 브랜드』. 서울: 프리윌출판사.

Patty McCord(2017). *Powerful: Building a Culture of Freedom and Responsibility*. 허란·추가영 역(2018) 『파워풀: 넷플릭스 성장의 비결』. 서울: 한국경제신문사.

Philip Kotler(2006). *Personal Marketing*. 방영호 역(2010). 『필립 코틀러 퍼스널 마케팅』. 서울: 위너스북.

Philip Kotler & Milton Kotler(2012). *Market Your Way to Growth: 8 Ways to Win*. 고영태 역(2013). 『필립 코틀러 어떻게 성장할 것인가』. 서울: 청림출판.

Robert Kyncl & Maany Peyvan(2017). *YouTube and the Revolutionaries Remaking Entertainment*. 신솔잎 역(2018). 『유튜브 레볼루션』. 서울: 더퀘스트.

Scott M. Davis(2000). *Brand Asset Management*. 최원식·박영미 역(2001). 『브랜드 자산 경영』. 서울: 거름.

Thomas Davenport & John Beck(2001). *Attention Economy: Understanding the New Currency of Business*. 김병조·권기환·이동현 역(2006). 『관심의 경제학』. 서울: 21세기북스.

3. 학술 논문

김정현(2009), 「국내 텔레비전 채널 브랜드의 인지도와 이미지 분석연구」, 『한국광고홍보학보』, 제11권 1호.

서호근(2018), 「넷플릭스, 한국 시장 진출 가속화 움직임과 그 의의」, 『해외방송정보』.

윤홍근(2014), 「종합편성채널의 모 브랜드의 영향과 브랜드 확장에 관한 연구」, 『디지털산업정보학회지』, 제10권 제2호.

윤홍근(2014), 「종합편성채널의 브랜드 정체성과 브랜드체계」, 『한국콘텐츠학회지』, 제14권 제2호.

이원재 · 김윤화 · 최세경(2011), 「N스크린 환경에서 콘텐츠 이용 경험과 미래 정책 이슈」, 『한국정보통신정책연구원 미래연구시리즈』.

이준민(2016), 「인터넷 동영상 서비스 시장의 대체 및 보완 관계 분석」, 서울대학교 대학원.

이준웅(1998), 「KBS 스테이션 이미지 제고방안」, 『방송문화연구』.

이진용(2002), 『지상파 TV 채널의 브랜드 이미지 연구』, 서강대학교 영상대학원.

최진순(2017), 「소셜미디어 시대의 저널리즘 역할과 과제」, 『언론중재』, 가을호.

Sylvia M. Chan-Olmsted(2003), 「매체 전략 연구의 기본적 논의와 경향」, 『미디어 경제와 문화』, 제1-1호.

David A. Aaker(1992). The Value of Brand Equity. *Journal of Business Strategy*.

Jacquelyn Edomonds & Scott Bradford Garell(April 2, 1993). *Fox*

Broadcasting Company. Harvard Business School.

Jennifer. L. Aaker(August, 1997). Dimensions of Measuring Brand Personality. *JMR*, 34.

Kevin L. Keller(January, 1993). Conceptualizing, Measuring, and Managing Customer-Based Equity. *Journal of Marketing*, pp. 1~10.

Theodore Levitt(1961). Marketing Myopia. *Harvard Business Review*, July-August.

Simone Murray(2005). Brand Loyalties: Rethinking Content within Global Corporate Media. *Media Culture & Society*. SAGE Publication.

4. 인터넷 자료 및 기타

《노컷뉴스》(2018.12.21). 「'푹'(POOQ), 오리지널 드라마 시작한 이유는?」.

《뉴스앤미디어》, 2018년 6월 1일.

《The PR》(2016.5.30). 「언론사 신진 페이지 주목」.

《매경이코노미》, 2018년 1985호.

《머니S》, 2018년 제566호.

《방송문화》, 2018년 가을호.

《브릿지경제》(2018.6.14). 「한류 콘텐츠 전세계 어디서든 본다…CJ E&M, 신규 OTT '글로벌 티빙' 론칭」.

《신문과방송》(2017년 11월호). 「한국 언론사들의 디지털 전략」.

《신문과방송》, 2018년 8월호.

《아이뉴스24》(2012.3.12). 「유튜브 브랜드가치 180억달러, 1위 페이스북은?」.

『YTN 10년사』.

2004/2005 『KBS 연차 보고서』.

2004 『SBS 브로슈어』.

2005 『MBC 브로슈어』.

『2011 tvN 채널소개서』.

『2006~2008 MBC 브랜드 자문위원회 자료집』.

《연합뉴스》(2018.10.8). 「tvN표 다큐 '시프트' 27일 첫 방송」.

《연합뉴스》(2018.12.1). 「1인 방송 시청자, 1주일에 평균 78.7분 본다」.

《전자신문》(2018.9.2). 「CJ ENM 'tvN 아시아' 시청가구 900만 돌파」.

《한국기자협회보》(2019.3.27). 「SBS 보도본부, 유튜브 24시간 라이브 추진」.